GRUNDLAGEN
UND GEDANKEN

Drama

Bertolt Brecht

LEBEN DES GALILEI

von Herbert Knust

VERLAG MORITZ DIESTERWEG
Frankfurt am Main

Die Reihe wird herausgegeben von Hans-Gert Roloff.

Neue Rechtschreibung

ISBN 3-425-06084-8

7. Auflage 1997

Gesamtherstellung: graphoprint, Koblenz
Printed in Germany

Inhalt

1 Allgemeine Grundlagen

1.1 Brechts Weg zum »Galilei«

Seit 1918 – dem Ende des 1. Weltkriegs und dem Beginn der Weimarer Republik – schrieb Brecht, der literarische und zeitgeschichtliche Entwicklungen aufmerksam verfolgte, eigenwillige Stücke, die, formal vom Expressionismus beeinflusst aber anti-expressionistisch in der Tendenz, einen rebellischen, anarchischen Individualismus inmitten einer fremden, chaotischen, von aussaugerischen Menschen bevölkerten Welt ausdrücken (*Baal*, 1918/19, *Trommeln in der Nacht*, 1919, *Im Dickicht der Städte*, 1921/23, *Leben Eduards des Zweiten von England*, 1924). Aber erst als Brecht 1924 von Augsburg (bzw. München) endgültig in die Kunstmetropole Berlin überwechselte, wo wie nirgends sonst politisch-gesellschaftliche Belange im Theater ausgetragen wurden, nahm seine sozialkritische Dramatik bewusstere, entschiedenere und profiliertere Formen an. Im Berlin der Staatsbühnen, Volksbühnen und Kabaretts, in Gesellschaft anderer junger Dramatiker und in Zusammenarbeit mit Regisseuren wie Max Reinhardt (1873–1943) und Erwin Piscator (1893–1966) erlebte Brecht sowohl festlich-dekoratives, geistvoll genüssliches ›kulinarisches‹ Theater als auch politisch-aggressives, proletarisches Agitationstheater, Massenspiele, Revuen, Gruppen-Lehrtheater, Gesellschaftskomödien, Volksstücke – kurz: Bühnenwerke jeglicher Richtung. Was manchen als Anarchie im Drama erschien, bedeutete anderen eine aus Experimentierfreude gewonnene Fülle an neuen Theatertechniken. Brecht griff besonders die auf Entlarvung menschlicher Verhaltensformen zielenden, grotesk-satirischen Stiltendenzen auf, daneben aber auch die von Piscator entwickelten technischen Mittel, wie Projektion, größere Verwandlungsfähigkeit der Bühne durch Motorisierung und Film, wodurch die sehr kompliziert gewordenen Vorgänge unter Menschen erzählend und kommentierend erläutert werden konnten. Und während Brecht beim Studium des Marxismus die wohl plausibelsten Gründe fand, warum das Wissen über so komplexe Gegenstände wie Öl, Inflation, Krieg, soziale Kämpfe, Familie, Religion, Weizen oder Schlachtviehhandel für die Menschen notwendig sei, entwickelte er in Theorie und Praxis sein ›episches Lehrtheater‹, welches dieses Wissen zu politischem Nutzen aufzeigen sollte.

Die Unzufriedenheit mit einer unzulänglichen Gesellschaft teilte Brecht mit Naturalisten und Expressionisten. Aber er hielt emotionelle dramatische Effekte wie tragisches Mitleid oder idealistisches Pathos für unproduktiv, weil sie eine Art ›Erlebnis‹-Luxus ohne gesellschaftliche Konsequenzen waren. Um die komplizierten, von Menschen gemachten Lebensverhältnisse zu durchschauen und zu verändern, durfte nichts als ›selbstverständlich‹ oder ›natürlich‹ hingenommen oder ›genossen‹ werden; vielmehr musste die Darstellung Subjekt und Objekt bewusst gegenübersetzen und so die Stoffe und Vorgänge einem distanzierenden Verfremdungsprozess aussetzen, damit nicht ›eingefühlt‹, sondern erst einmal verstanden und kritisiert werden konnte.

»Das ›Natürliche‹ musste das Moment des Auffälligen bekommen. Nur so konnten die Gesetze von Ursache und Wirkung zutage treten. Das Handeln der Menschen musste zugleich so sein und musste zugleich anders sein können.
Das waren große Änderungen...

Der Zuschauer des dramatischen Theaters sagt: Ja, das habe ich auch schon gefühlt. – So bin ich. – Das ist nur natürlich. – Das wird immer so sein. – Das Leid dieses Menschen erschüttert mich, weil es keinen Ausweg für ihn gibt. – Das ist große Kunst: Da ist alles selbstverständlich. – Ich weine mit den Weinenden, ich lache mit den Lachenden.
Der Zuschauer des epischen Theaters sagt: Das hätte ich nicht gedacht. – So darf man es nicht machen. – Das ist höchst auffällig, fast nicht zu glauben. – Das muss aufhören. – Das Leid dieses Menschen erschüttert mich, weil es doch einen Ausweg für ihn gäbe. – Das ist große Kunst: Da ist nichts selbstverständlich. – Ich lache über den Weinenden, ich weine über den Lachenden.« (GW, XV, 265)

Nach dem Lustspiel *Mann ist Mann* (1926), welches demonstriert, dass in der modernen Gesellschaft jeder austauschbar und ummontierbar ist, nach dem mit Kurt Weill (1900–1950) erzielten großen Erfolg der *Dreigroschenoper* (1928), welche die Räuberwelt als bürgerliche Welt identifiziert, und nach der gleichfalls sozial- und kunstkritischen Oper *Aufstieg und Fall der Stadt Mahagonny* (1928/30), die aufzeigt, dass man in der kapitalistischen Gesellschaft für Geld »alles dürfen darf«, wandte sich Brecht auf zunehmend didaktische Weise dem kommunistischen Lehrstück zu: *Die Heilige Johanna der Schlachthöfe* (1929/30), *Die Maßnahme* (1929/30) und *Die Mutter* (1931/32) sind die bedeutendsten Ergebnisse. In diese Zeit, als die Nationalsozialisten immer stärker zur Macht drängten und Brecht, gleich vielen anderen, ins Ausland flüchtete (1933), fällt die erste Beschäftigung mit dem Galilei-Stoff. Hatte sich Brecht als experimentierender Schreiber von Stücken, die er ›Versuche‹ nannte, mit Archimedes, Galilei, Bacon und Einstein verglichen und sein Theater ein Theater des ›wissenschaftlichen Zeitalters‹ genannt, so musste seiner einzigen Dramatisierung, in deren Mittelpunkt ein großer Wissenschaftler und Wissensverbreiter stand, besondere Bedeutung zukommen. (Spätere Pläne zu einem Einstein-Stück konnte Brecht nicht mehr ausführen.) Sieht man von den technischen Fantasien der ›Science Fiction‹ und der gelegentlichen Romantisierung von Forscher-Typen in der Unterhaltungsliteratur ab, so waren trotz der heraufkommenden Industrialisierung Wissenschaft und Technik Stiefkinder der Literatur geblieben. Seit dem Drama des Realismus (bzw. Naturalismus) begegnet uns zwar immer häufiger die Figur des Arztes, zuweilen auch ein Soziologe, als Symptom der Zeit-Malaise; und besonders seit dem Expressionismus kennt auch das Theater Demonstrationen gegen die ›unmenschliche‹ Maschine. Doch hatten diese Stücke nur in Ansätzen Wissenschaft und soziale Welt integriert. Brecht (wie schon Piscator) betonte, dass das Theater ohne Wissenschaften nicht mehr auskommen könne. Er sah in der Dramatik eine Tendenz von der Kategorie des »eifersüchtigen«, »ehrgeizigen«, »im Gewissenskonflikt« befindlichen, »selbstlosen« Menschen hin zur Kategorie des »fliegenden«, »Brücken bauenden«, »Kriege führenden«, »ausbeutenden« Menschen (GW, XV, 280). In letzterem Dramentypus waren die Vorgänge größer und verwickelter – ihre Darstellung musste *»alle* Hilfsmittel für ihr Verständnis herbeiziehen« (GW, XV, 268). Obwohl Brecht ein Lehrstück über Lindberghs Ozeanflug zum Preis der fortschreitenden Technik geschrieben hatte, obwohl er – wie die Aufzeichnungen in seinem Arbeitsjournal zeigen – sich eingehend mit Entwicklungen auf dem Gebiet der Physik befasste, meint er mit ›Wissenschaft‹ nie nur die Naturwissenschaften, sondern (mehr noch) ›Wissen‹ auf dem Gebiet der Soziologie, Ökonomie, Geschichte. Zu vermitteln sind also nicht nur große Entdeckungen und Erfindungen, sondern alles Wissen, welches dem Menschen die Welt und sich selbst beherrschbar macht. Es geht letztlich darum, dass der ›wissenschaftliche‹ Blick, der die Natur unterwirft, sich dem Menschen selbst als gesellschaftlichem Wesen zuwendet. Unter diesem Gesichtspunkt ist auch das Schauspiel um den großen ›Wissenschaftler‹ Galileo Galilei zu betrachten, den Brecht als das erste Kind des wissenschaftlichen Zeitalters ansah.

1.2 Leben des historischen Galilei

Galileo Galilei, einer der Großen der Renaissance, Begründer der modernen Astronomie und Bahnbrecher empirischer naturwissenschaftlicher Erkenntnismethoden, erlangte hohen Ruhm als genialer Forscher, erlitt tiefe Erniedrigung als Skandalfall der Kirchengeschichte und veranlasste die Nachwelt, sich immer aufs Neue mit seinem Leben und seinem Werk auseinander zu setzen. Wer war dieser Mann? Welche Probleme wurden durch ihn aufgeworfen? Worauf konzentrieren sich die zahlreichen und sehr verschiedenartigen Darstellungen im Lauf von fast 350 Jahren? Eine Beantwortung dieser Fragen, so gedrängt sie auch ausfallen muss, scheint unumgänglich, wenn man Brechts ausgefallene Gestaltung des Galilei-Stoffs gebührend einschätzen will.

Galileo, 1564 in Pisa geboren, stammt aus einer verarmten Florentiner Aristokratenfamilie. Sein Vater, ein musisch gebildeter Kaufmann, ermöglicht ihm Schulung in den Künsten und Naturwissenschaften (Kloster Vallombrosa). Er rät seinem Sohn, der anfangs zum Priesteramt neigt, Arzt zu werden. An der Universität Pisa wechselt Galileo von der Medizin zur Mathematik und Physik über, muss sein Studium vorzeitig abbrechen, erlangt aber durch Protektion eine (schlecht bezahlte) Mathematikprofessur, erst in Pisa, später in Padua. Er hält Vorlesungen über Euklid, Ptolemäus, Aristotelische Mechanik und Planetentheorie und muss nebenbei Privatunterricht geben. Ermutigt durch Kepler, doch geschreckt durch die Verbrennung des ›Ketzers‹ Giordano Bruno, wagt Galilei es lange nicht, seine eigenen Erkenntnisse (aus Experimenten und aus Archimedes, Tartaglia, Benedetti und Kopernikus) offen gegen die in vielem fragwürdige doch absolute Autorität des Aristoteles zu verfechten, dessen spekulatives Denken, durch die Kirchenväter sanktioniert, sämtliche Wissensbereiche beherrscht. Mit Entdeckungen (Pendelgesetz, natürliche Bewegungsbeschleunigung), Traktaten (Befestigungskunst, Mechanik, Kosmographie) und durch Konstruktion praktischer Instrumente (Wasserheber, geometrisch-militärischer Proportionszirkel, Thermometer) festigt Galilei sein Prestige. Nebenbei gibt er dem jungen Herzog Cosimo aus dem Florentiner Haus der Medici Privatunterricht in Mathematik.
Großes Aufsehen erregt er, als er 1609, nach Angaben über eine holländische Erfindung, ›sein‹ Teleskop konstruiert, es auf dem Campanile von San Marco vorführt und der Signoria von Venedig als Geschenk übergibt. Dies trägt ihm eine Rang- und Gehaltserhöhung, aber auch viel Missgunst ein, zumal noch im gleichen Jahr aus dem Ausland Fernrohre – zwar medioker, doch billig und en masse – auf den Markt kommen. Doch die eigentliche Sensation ist 1610 die Veröffentlichung von Galileis Schrift *Sidereus Nuncius (Der Sternenbote)*, in der er voll Enthusiasmus und Stolz seine astronomischen Entdeckungen mithilfe des Fernrohrs verkündet: die raue, erdähnliche Oberfläche des Monds, den Sterncharakter der Milchstraße und die Monde des Jupiter, die er, in Hinsicht auf seinen Schüler Cosimo, diplomatisch die ›Mediceischen Gestirne‹ nennt. Nun, da er auf die Überzeugungskraft objektiv sinnlicher Wahrnehmungen gegenüber spirituell-spekulativer Erkenntnis baut, wagt er öffentlich sein Bekenntnis zur heliozentrischen Planetentheorie des Kopernikus. Um diese Zeit erfüllt sich sein Wunsch, das lästige Lehramt in Padua mit ungestörter Arbeit im Dienst des Großherzogs von Toscana zu vertauschen. Der weitblickende Freund Sagredo sieht in Galileis Übersiedlung aus der relativ freien Republik Venedig ins stärker von Rom abhängige Florenz einen gefährlichen Schritt.

Galileis revolutionäre Entdeckungen – dazu kommen nun noch seine teleskopischen Beobachtungen über den Saturn, die Sonnenflecken und die Phasen der Venus – provozieren eine Schar von Gegnern, meist mittelmäßige, verblendete Theologen und Universitätsprofessoren, die ihn zum Häretiker stempeln wollen. Um einen ernsthaften Konflikt mit der Kirche zu vermeiden, versucht Galilei, die Kurie vom kopernikanischen Weltbild zu überzeugen. Er reist 1611 nach Rom, wird von Papst Paul V, Klerus und Fürsten mit Ehren empfangen und von der progressiven Akademie der »Lincei« (Luchsäugigen) als Mitglied aufgenommen. Als das von Kardinal Bellarmin angeforderte Gutachten des Inquisitionsgerichts (dem kirchliche Astronomen wie Clavius und Grienberger angehörten) zugunsten Galileis ausfällt, erweisen ihm sogar die Jesuiten ihre Reverenz. Zwar bestätigt die Kirche Galileis Beobachtungen, vermeidet jedoch eine offizielle Aussage über das kopernikanische Weltbild. Mit weiteren Entdeckungen über feste und flüssige Körper (Eis) und über die Sonnenflecken widerspricht Galilei erneut den überkommenen Lehren des Aristoteles und zieht sich die erbitterte Gegnerschaft von dessen Anhängern (den ›Peripatetikern‹) zu, die sich lieber an alte Lehrmeinungen klammern, als durch eigenes Beobachten und Denken zu neuen Erkenntnissen zu gelangen. Der ›wissenschaftliche‹ Disput wird immer mehr zur theologischen Streitfrage. Galilei, ein gläubiger Katholik, wendet sich gegen Schmähschriften und Beschuldigungen von der Kanzel, die seine neuen Lehren als bibelfeindlich anprangern. In seinen Verteidigungsschriften zieht er Grenzen zwischen Wissenschaft und Glauben, Naturforschern und Theologen. Er ist aber überzeugt, dass sich Bibelwahrheit und Naturerkenntnis in Einklang bringen lassen, da ja nicht nur die Heilige Schrift, sondern auch die Natur Gottes Offenbarungswerk ist.
In Rom wird Galilei denunziert. Dort nimmt man Anstoß, dass er sich in die Schriftauslegung mische und warnt ihn: die Bewegungsverhältnisse im Planetensystem dürften nur hypothetisch vorgetragen, aber nicht apodiktisch behauptet werden. Doch Galilei nimmt den Kampf auf. Immer noch hofft er, Kardinal Bellarmin und die Inquisition für sich zu gewinnen, und reist erneut an den Hof des Papstes. Zwar wird er wieder mit Ehren aufgenommen, doch bekommt er die Intrigen von Dominikanern und Jesuiten empfindlich zu spüren. Auf Befehl des Papstes prüfen elf theologische Sachverständige die kopernikanischen Hauptthesen; diese, so wird entschieden, stehen mit mehreren Bibelstellen und deren Auslegung durch die heiligen Väter in Widerspruch; Galilei wird ermahnt, von der kopernikanischen Irrlehre abzustehen; er fügt sich zunächst diesem Dekret von 1616.

Nach längerem Schweigen sieht er sich – im Zusammenhang mit der Kometenforschung – erneut verleumdet und provoziert. Er entgegnet 1623 mit seiner Streitschrift *Il Saggiatore (Der Goldwäger* bzw. *Die Goldwaage),* deren Meisterschaft sogar die Anerkennung der Inquisition und des neuen Papstes Urban VIII (Maffeo Barberini) gewinnt, der stets ein Bewunderer Galileis war. Durch derart günstige Umstände bewogen hofft Galilei auf eine neue Wende und glaubt, durch einen abermaligen Besuch in Rom die Aufhebung des Dekrets von 1616 gegen die kopernikanische Lehre erwirken zu können. Wieder wird er freundlich empfangen – und elegant abgewiesen (1624).
Erbittert, aber ungebrochen arbeitet Galilei weiter und tritt erst nach 8 Jahren (1632) mit seinem großen *Dialogo (Dialog über die beiden Weltsysteme,* das ptolemäische und das kopernikanische) wieder an die Öffentlichkeit. Die langwierige Druckerlaubnis war an den päpstlichen Wunsch gebunden, die kopernikanischen Ansichten als hypothetisch, die göttliche Allmacht als unantastbar darzustellen. Trotzdem ist das Werk sehr zweigleisig, da Galilei in Prolog und Epilog zwar seine Untertänigkeit der Kirche gegenüber betont, im Dialog selbst aber keine Zweifel an seiner Bevorzugung des Kopernikanismus lässt, zumal er die überlegenen, wissenschaftlichen Gesprächspartner mit den Namen seiner Freunde Salviati und Sagredo auszeichnet, während er dem Vertreter des Aristotelismus – und somit in gewissem Maße auch der Kirche – den nicht sehr schmeichelhaften Namen Simplicio gibt. So enthusiastisch der *Dialog* von Fach- und Freundeskreisen Galileis begrüßt wird, so verbittert müssen sich die Schulgelehrten, zuvörderst die Jesuiten, verhöhnt sehen. Schon ein halbes Jahr später wird die weitere Verbreitung des Buchs verboten und Galilei vom Papst nach Rom beordert. Der Ausbruch der Pest in Mittelitalien und die chronische rheumatische Erkrankung des nun 68-jährigen, halb blinden

Wissenschaftlers verzögern seine Reise. Doch kaum in Rom angelangt wird er mit dem Inquisitionsprozess konfrontiert. Angeklagt, das ›Verbotsedikt‹ von 1616 übertreten und sich der Häresie schuldig gemacht zu haben, sieht er sich, unter Androhung der Folter, zum Bekenntnis der ›Wahrheit‹ gezwungen – und lügt, indem er die Lehre des Kopernikus für unwahr erklärt. Auf den Widerruf folgt die öffentliche Verurteilung des *Dialogs* und seines Autors. Galilei muss abschwören, seine ›Irrtümer‹ und ›Ketzereien‹ verwünschen und verfluchen; sein *Dialog* wird verboten, sein Autor lebenslänglich zu Hausarrest verurteilt.
Obwohl die Kirche seinen Widerruf und seine Verurteilung als Warnung für alle Häretiker weithin publik macht, halten Galileis Freunde nach wie vor zu ihm. Er verbringt die letzten Jahre seines Lebens in einem Landhaus in Arcetri bei Florenz, in der Nähe seiner ins Kloster übergetretenen Tochter Virginia, zu der er ein inniges Verhältnis hat, die jedoch noch vor ihm stirbt. Vereinsamt, unglücklich, verbittert über das ihm angetane Unrecht, allmählich sein Augenlicht verlierend, erlebt Galilei noch die Veröffentlichung seines illegal ins Ausland gebrachten, vom Italienischen ins Lateinische übersetzten Dialogs. Sein in der Verbannung geschriebenes, letztes großes Werk, die *Discorsi (Unterredungen und mathematische Demonstrationen über zwei neue Wissenschaften)* über Dynamik und die Festigkeit der Körper gelangt durch einen Freund ebenfalls ins Ausland. Galileis internationaler wissenschaftlicher Ruf ist ungeschmälert. Er steht brieflich mit anderen Ländern in Verbindung, doch weist er, zur Genugtuung der ihn überwachenden Inquisition, ein Ehrengeschenk aus Holland ab. Mit den Sakramenten der Kirche versehen, aber auch in letzter Stunde noch von Inquisitoren beobachtet, stirbt Galilei am 8. Januar 1642. Vom immer noch grollenden Papst wird ein ehrendes Denkmal für den großen Wissenschaftler verweigert – aber der Holländer Christiaan Huygens (1629–1695) und der Engländer Isaac Newton (1643–1727) setzen das Erbe des Italieners fort und tragen als Mitbegründer der mathematisch-physikalischen Methode der modernen Naturwissenschaft wesentlich zur Geburt der Neuzeit und zum bleibenden Ruhm Galileis bei.

1.3 Galilei in Geschichte und Literatur

Mit den aus obigen Fakten ersichtlichen Konfliktstoffen beschäftigt sich seit dreieinhalb Jahrhunderten eine ins Grenzenlose angewachsene Literatur. Der problematischste Aspekt insbesondere für Theologie und Philosophie ist die Konfrontation von Religion und Naturwissenschaft. Was immer die wirklichen Beweggründe für den Prozess gewesen sein mochten, es ging letzten Endes nicht allein um einen politischen Autoritätskampf der Kirche, dem Galilei als ›Märtyrer‹ der Gedankenfreiheit zum Opfer fiel, sondern es ging – und geht auch heute noch – um Wahrheitsfindung aufgrund verschiedener Erkenntniswege. Im Mittelalter war die Theologie die primäre Wissenschaft, welche Philosophie, Medizin und Jurisprudenz mit einschloss. Natur-Kunde war Sache der Philosophen und Mediziner, in letzter Instanz also auch Sache der Theologen. Durch die neue, kausal-analytische Methode des Messens, Beobachtens und Denkens emanzipierte sich das Wissen auf dem Gebiet der Physik vom kanonisierten Wissen der Theologie: Das ›Kind‹ wandte sich gegen die ›Mutter‹; in den Augen der Theologen schien das neue kopernikanische Weltsystem die zentrale Stellung des Menschen und die um seinetwillen vollzogene Erlösung ernstlich zu gefährden. Gewiss war die Kirche nicht so fortschrittsfeindlich, wie das oft angenommen wird – es gab unter dem Klerus, namentlich den Jesuiten, hervorragende Wissenschaftler. Gewiss war Galilei ein gläubiger Sohn der Kirche. Aber die Vereinbarkeit von göttlicher Erlösungslehre (durch die Heilige Schrift) und menschlicher Lehre von der Materie (durch messbare Sinneswahrnehmungen) wurde, wegen komplexer Konstellationen und Verstrickungen, zunächst zur Unmöglichkeit.

Die Historiker befassten sich weniger mit den existenziellen Konsequenzen des ›Falls Galilei‹, als mit Fakten aus seinem Leben, juristischen Fragen seines Prozesses und politischen oder psychologischen Motiven für die Entwicklung der Geschehnisse. Dabei zeichnete sich schon früh die Tendenz zur Parteinahme für eine der beiden Seiten ab – Galilei oder die katholische Kirche. Die zahllosen Apologien und Polemiken basieren oft mehr auf bloßen Standpunkten und Spekulationen als auf Dokumenten. Musste die Kirche, die Galileis Entdeckungen ja inoffiziell bestätigt hatte und als Arbeitshypothese gelten ließ, das Geschütz der Inquisition auffahren, weil Galilei zu aggressiv und starrköpfig auf absolute Anerkennung seiner Wahrheit drängte und zu provozierend in der Volkssprache publizierte? Oder weil er gerade zur Zeit der Gegenreformation, da Rom gegen den Protestantismus zu Felde zog, als gefährlicher Häretiker gelten musste (schlimmer als Luther und Calvin?), wenn er öffentlich eine Neuinterpretation von Bibeltexten anregte? Wollte Galilei die Kirche wirklich ›belehren‹ oder sie nur davon abbringen, sich in Fragen der neuen Wissenschaft zu mischen? War er tatsächlich gefoltert worden? Oder hatte die Kirche ihn in Wirklichkeit geschont und den Prozess nur pro forma geführt, um schwerwiegendere Konfrontationen mit dem ketzerischen Wahrheitssucher, aber auch mit dem hetzerischen niederen Klerus im Volk und den sturen Peripatetikern an den Universitäten zu vermeiden? War es ein Prozess aus Staatsraison, um Zeit zu gewinnen, oder aus persönlichen Beweggründen, um abzurechnen? Wurde sowohl die Kirche als auch Galilei Opfer von Umständen, Intrigen und Missverständnissen? Oder ist der Fall Galilei ein typisches Beispiel für die Unterdrückung der Gedankenfreiheit durch ein totalitäres Regime? War Galileis Widerruf eine Schande oder vielmehr kluge Taktik? War er ein Märtyrer der Wissenschaft – oder war er keiner? Hat ihn der Urteilsspruch bis zu einem gewissen Grad ›bekehrt‹ oder machte ihn der unerwartete Verlauf der Dinge erst recht zum Zyniker?

Selbst als nach und nach Briefe und andere Dokumente der verschiedensten Zeugen jener Ereignisse an die Öffentlichkeit gelangten, blieben viele Fragen noch widersprüchlich beantwortet. Ja, nachdem in der zweiten Hälfte des 19. Jahrhunderts die bis dahin geheim gehaltenen Akten der römischen Inquisition schließlich publiziert wurden, entbrannte aufs Neue der Streit, da die Echtheit eines unsignierten Protokolls hinsichtlich des Verwarnungsdekrets von 1616 höchst zweifelhaft erschien, zumal gerade dieses Protokoll eine radikale Verbotsklausel enthielt, der ein offizielles Schreiben Kardinal Bellarmins an Galilei widersprach und die dennoch zum wichtigsten Anklagepunkt des Prozesses von 1633 gemacht wurde. Selbst wenn das Dokument authentisch ist, bleiben Diskrepanzen zwischen erinnerten mündlichen Absprachen und schriftlichen Formulierungen, aber auch zwischen verschiedenen Schriftstücken selbst. Die Motive hinter den Konflikten sind immer noch unterschiedlich deutbar; die ›Galilei-Frage‹ bewegt bis heute die Gemüter. 1968 verkündete Papst Paul VI., 1980 auch Papst Johannes Paul II. eine Neuüberprüfung des Falles Galilei, die durch Eingestehen von Fehlern seitens der Kirche den Wissenschaftler weitgehend rehabilitierte und 1984 zur Neupublikation der Prozessakten führte, einschließlich sechs bisher geheimer Dokumente aus dem Archiv des Heiligen Offiziums. 1992 schließlich lag der Bericht der zwölfköpfigen Überprüfungskommission vor und 359 Jahre nach Verurteilung seiner Lehre wurde Galilei nun endgültig, doch durchaus nicht einstimmig, von der katholischen Kirche rehabilitiert, der es nicht zuletzt um eine unbelastete Zusammenarbeit zwischen Kirche und Wissenschaft geht.

Auf Galileis zuweilen umstrittenen Charakter lassen seine Briefe, Werke und Handlungsweisen schließen. Einerseits erscheint er als Modell eines vielseitigen Humanisten, der sich neben seiner Wissenschaft aktiv der Musik, Malerei und Literatur widmete und dessen Frömmigkeit sich auch in praktischer Menschlichkeit bezeugte. Andrerseits war er ein unbescheidener, sich selbst anpreisender, ehrgeiziger und auch eitler Egozentriker, der sich in ironischen und zynischen Ausfällen gegen seine Feinde gefiel und nicht nur die Dummheit einzelner Gegner sondern auch der Volksmasse höhnisch schmähte. Besticht einerseits sein dominierender Intellekt und Witz, befremdet andrerseits das unnötig scheinende Ausmaß seiner bis an Feigheit grenzenden freiwilligen Selbsterniedrigung vor der Inquisition. Von Galileis Zeitgenossen, dem jesuitischen Astronomen Christoph Grienberger, bis auf unsere Tage hat sich die Ansicht erhalten: Hätte Galilei seine eigene, schonungslose Polemik beizeiten gezügelt und sich die Zuneigung der Jesuiten im Collegium Romanum zu erhalten gewusst, so hätte er unbehindert forschen und ruhmvoll in der Welt leben können. Neuerdings wird berichtet, dass – wie aus Galileis Notizbüchern hervorgehe – der große Wissenschaftler während seiner Besuche im fortschrittlichen Collegium Romanum viel von jesuitischen Gelehrten abgeschrieben habe, was ihm später Weltruhm einbrachte, d.h. dass er in Padua experimentell ausführte, was in Rom bereits theoretisch vorlag. Aber was heute als Plagiat gebrandmarkt wird, scheint damals eine übliche und nicht so verwerfliche Aneignungsmethode gewesen zu sein.
Die Naturwissenschaftler interessieren sich in erster Linie für die Fakten aus Galileis Forschung. Da Galilei Vorläufer (nicht nur Kopernikus) hatte, auf deren Gedanken er weiterbaute, und manche zeitgenössischen Forschungen unabhängig voneinander verliefen, kommt es gerade in Geschichten der induktiven Wissenschaften zu Vergleichen von Methoden und Resultaten im Licht späterer Entwicklungen. Dabei fällt neben gewissen Fehlurteilen Galileis auch auf, dass er manches in verfügbaren Quellen (Kopernikus, Kepler) ignorierte, was hätte weiterführen können – doch gilt diese Feststellung keineswegs nur für Galilei. Diese Einschränkungen ändern nichts an seiner revolutionären Bedeutung für die Geschichte der modernen Naturwissenschaften – einer Bedeutung, die angesichts der Entwicklung von der klassischen Physik zur Relativitätstheorie, von Versuchen mit Pendeln, fallenden Objekten und rotierenden Himmelskörpern bis zu atomaren, bio-chemischen, medizinischen und genetischen Experimenten und Resultaten sowohl Bewunderung als auch Angst und Schrecken einflößen kann. Die so genannte ›reine‹ Wissenschaft misst nicht nach ethischen Gesichtspunkten, wiewohl auch sie die Verhinderung ›freier‹ Forschung als unethisch empfindet.
Moralische Tendenzen hingegen bezeugen vor allem die literarischen Darstellungen, die sich zu diesem Zweck der Fakten und der Fiktion bedienen. Das ereignisreiche Leben des Galilei ist ein dankbarer Stoff, zumal seine zum Teil sensationellen Entdeckungen durch seine meisterhaft geschriebenen Werke auf sehr lebendige Weise vermittelt werden; sein Konflikt mit der Kirche und die Konsequenzen der Auseinandersetzung bieten sich geradezu an für eine dichterische Gestaltung. Abgesehen von zahlreichen Biografien, die zum Teil undokumentierte Anekdoten, Charaktereigenschaften oder Begebnisse mit einschließen und so zur Legendenbildung beitrugen, gibt es kaum ein literarisches Genre, das nicht zur Gestaltung des Galilei-Stoffs (oder gewisser Aspekte aus seinem Leben und Werk) benutzt worden ist: Gedichte, Erzählungen, Kalendergeschichten, Romane, Journale, Dramen, Schul- und Kinderbücher, sogar eine Oper.

Zu Galileis Lebzeiten erschienen Gedichte, die den Forscher mit Columbus und anderen großen Entdeckern verglichen; sogar Kardinal Barberini (bevor er Papst wurde) huldigte seinem Freund in poetischer Form. Mit dem kirchlichen Verbot von Galileis Schriften wurden lange auch literarische Darstellungen seiner Person und seines Werks zurückgedrängt. Erst viel später erschienen, besonders aus Anlass von Galilei-Gedenkfeiern, wieder gelegentliche Dichtungen zu seinen Ehren. Nachdem die Prozessakten publiziert waren und die Geschichtsschreibung des 19. Jahrhunderts genauere Kenntnis über den Fall Galilei vermittelt hatte, stieg auch das literarische Interesse für den Stoff sprunghaft an. Jedoch: »Erst eine Zeit, die Knebelung der Forschung und Märtyrertum, aber auch Opportunismus von Wissenschaftlern erlebte, wurde dem Stoff und seinen verschiedenen Aspekten gerecht.« (Frenzel, 200)

Die bekanntesten Prosawerke um Galilei sind: Zsolt von Harsányis weit verbreiteter, aus dem Ungarischen in viele Sprachen übersetzter Entwicklungsroman *Und sie bewegt sich doch* (1937); Max Brods psychologisierender Roman *Galilei in Gefangenschaft* (1948, als letzter Teil der Trilogie *Kampf um die Wahrheit)*; Gertrud von Le Forts Novelle *Am Tor des Himmels* (1954); Reinhold Schneiders erzählende Skizze für ein unausgeführtes Drama *Die Monde des Jupiter* (1954, veröff. 1959); und Claude Pasteurs sentimentalisierende Tagebuchaufzeichnung *Galilée aux enfers* (1967). In diesen Darstellungen ist der Forscher als durchaus positive, wahrheitsbewusste und auch pietätsvolle Opfer- und Leidensfigur konzipiert – doch nicht ohne menschliche Schwächen: Selbstsucht bzw. Vermessenheit, Angst, Lüge und List, die aber aus verschiedenen Gründen entschuldigt bzw. am Ende überwunden werden (bei Schneider bleibt der Ausgang offen). Galileis Fall wird jeweils aus individual-psychologischer – nicht aus sozialpolitischer – Sicht betrachtet; selbst Le Forts Version, die (wie jene Brechts) den alten Konflikt zwischen Wissenschaft und Kirche mit der Kluft zwischen Wissenschaft und Religion im kriegerischen Atomzeitalter verbindet, bildet hier keine Ausnahme.

Im dramatischen Genre versuchte eine ganze Reihe von zumeist unbedeutenden Autoren dem Stoff vorwiegend tragisches Gepräge zu geben. Eine der wenigen ›komischen‹ Gestaltungen ist François Ponsards klassizistisches Versdrama *Galilée* (1867); erwähnenswerte Stücke sind ferner: Hans Müllers idealisierendes Historiendrama *Die Sterne* (1919); Arthur Trebitschs iambisches Trauerspiel *Galileo Galilei* (1901, 1920); Jakob Bührers dramatische Dichtung *Galileo Galilei* (1933); Barrie Stavis' Historie *Lamp at Midnight* (1942); László Nemeths historisches Drama *Galilei* (1953); Frank Zwillingers Schauspiel *Galileo Galilei* (1953); Eric Bentleys Stück *The Recantation of Galileo Galilei* (1972). Aus fast durchweg antiklerikaler Sicht erscheint der Forscher als das Opfer von kirchlichen und machtpolitischen Intrigen. Interessant ist die recht unterschiedliche Motivierung des Widerrufs, der jeweils das zentrale Geschehen bildet: entweder ist es die Liebe zur Tochter (Ponsard) oder der ›Glaube‹ der Menschheit (der nicht gestört werden darf) (H. Müller) oder Furcht bzw. List (Bührer) oder gar Menschenhass (Trebitsch). In jedem Fall wird Galileis Gewissen gerechtfertigt bzw. entlastet, sei es aus Frömmigkeit, aus Eigenwillen, aus Klugheit, aus verständlicher Menschlichkeit, aus Strategie oder durch die Tatsache, dass die beschränkte Menschheit noch nicht reif für die Wahrheit ist bzw. dass sich diese Wahrheit später ja doch durchsetzen wird. Es fehlt in diesen Stücken nicht an Pathos, an typisierenden Selbstvergleichen mit Sokrates, Oedipus, Christus und Giordano Bruno und an Unmäßigkeiten verschiedenster Art. Doch selbst da, wo sich diese Autoren mehr oder weniger um Aktualisierung des Stoffs bemühen, fehlen überzeugende Bezüge zu zeitgenössischen sozialpolitischen Problemen, selbst bei Bührer, der – wie Brecht – das Thema aus sozialistischer Sicht zu gestalten versuchte.

Von all diesen Versionen unterscheidet sich Brechts Behandlung des Stoffs zunächst einmal dadurch, dass er zwischen 1938 und 1956 drei Fassungen eines Galilei-Dramas schrieb, die zum Ausdruck bringen, dass sich seine Beurteilung der legendären Figur und insbesondere des Widerrufs wesentlich änderte. Dann verbindet er in allen drei Fassungen, wenn auch in verschiedenem Maß, die neuen wissenschaftlichen Einsichten in den Kosmos mit konkreten gesellschaftlichen Erkenntnissen, d. h. mit der erstrebenswerten Schaffung einer neuen Gesellschaftsordnung nach marxistischen Vorstellungen. Dementsprechend sieht Brecht die Kirche als zu bekämpfende reaktionäre Obrigkeit, das Volk als großteils noch zu belehrenden, doch aufgeschlossenen, fortschrittlichen Zukunftsträger. Angelpunkt dieser Konstellation ist der zwischen Kirche und Volk stehende Wissenschaftler, dessen Widerruf in der ersten Fassung noch vorwiegend als List zur Weiterverbreitung des neuen Wissens zu verstehen ist, in den folgenden Fassungen aber, angesichts der heraufziehenden Katastrophen des Atomzeitalters, als Verbrechen an der Menschheit gedeutet wird. Damit wird Galilei zum Modellfall für das Thema: moralische (d. h. gesellschaftsbewusste) Verantwortung des Wissenschaftlers (bzw. Intellektuellen) gegenüber totalitären Regimen. Dieses Thema findet durch die parabolische Gestaltung des historischen Stoffs mehrfachen aktuellen Bezug zur Zeitgeschichte.

2 Voraussetzungen für Brechts Beschäftigung mit dem Galilei-Stoff

2.1 Brecht und die politischen Zeitverhältnisse

Wie die meisten großen Theaterwerke Brechts ist das Galilei-Stück im Exil entstanden; wie kaum ein anderes dramatisiert es das Problem der Wahrheitsfindung und -verbreitung (und des Überlebens) unter totalitärer Herrschaft – mit sehr ungewisser Aussicht auf eine große Zeitenwende.
Schon 1923, beim missglückten Münchner Putsch, stand Brechts Name auf der Verhaftungsliste – wohl vor allem wegen seiner antimilitaristischen Satire *Legende vom toten Soldaten.* Seine gesellschaftskritischen Dramen, besonders die in Berlin entstandenen prokommunistischen Lehrstücke, machten ihn den Nazis nur noch verhasster. So wurden auch seine Werke bei der Bücherverbrennung am 10.5.1933 eingeäschert. Der Verhaftung hatte sich Brecht schon am Tag nach dem Reichstagsbrand (27.2.1933) durch Flucht entzogen. Auf seinem langen Exilweg machte er, »öfter als die Schuhe die Länder wechselnd« (GW, IX, 725), in der Tschechoslowakei, in Österreich, in der Schweiz, in Frankreich, Dänemark, Schweden, Finnland und in den USA Station.
Brecht hatte durchaus nicht mit einem langen Exil gerechnet. Er hoffte auf den innerdeutschen Widerstand, auf antifaschistische Loyalität und Wirksamkeit nicht nur der deutschen Emigranten, sondern der gesamteuropäischen Intelligenz, und auf eine feste außenpolitische Allianz gegen Hitler – kurz: Er rechnete mit dem baldigen Fall des »Anstreichers«. Stattdessen musste er mit ansehen, wie die einst so starke Arbeiterbewegung und auch die Opposition der Intellektuellen in Deutschland zerschlagen wurde; musste bei internationalen Schriftsteller-Kongressen den ideologischen Ausverkauf vieler »Tuis« (Abkürzung von Brechts Wortverdrehung: »*T*elekt*u*el-*in*«) konstatieren; musste erleben, wie das »Dritte Reich« sich konsolidierte, der Faschismus sich ausdehnte, andere Länder mit der deutschen Regierung Verträge abschlossen; wie sich 1936 Mussolinis faschistisches Italien mit Hitler verbündete, 1938 durch das »Münchner Abkommen« die Tschechoslowakei fiel, 1939 Österreichs »Anschluss« erfolgte; wie der Spanische Bürgerkrieg (1936–39) – mithilfe deutscher Militäraktionen – zugunsten der Faschisten (Franco) ausging; wie 1939 gar Stalin mit Hitler paktierte und schließlich der Zweite Weltkrieg begonnen wurde.
Diesen deprimierenden Geschehnissen zum Trotz entwickelte Brecht im Exil eine rege Produktivität, die zum großen Teil im Dienst politischer Tätigkeit stand. Er reiste zu Schriftsteller-Tagungen und Emigrantentreffen, bei denen es zu antifaschistischen Kundgebungen kam, war Mitarbeiter an zahlreichen Emigrantenzeitschriften, schrieb Gedichte und Satiren für den deutschen Freiheitssender in Moskau, trug – wie viele andere Exilierte – durch Veröffentlichungen im Ausland dazu bei, dem antifaschistischen Widerstand Gehör zu verschaffen, verfasste aber auch Werke, die – getarnt – in Deutschland selbst zur Wirkung kommen sollten. Die Verbreitung der Wahrheit war – und das ist auch ein Hauptthema des *Galilei* – lebensgefährlich geworden und konnte nur vom Ausland her, oder verschlüsselt, betrieben werden. Zum besseren Verständnis seines literarischen Kampfs gegen den Nationalsozialis-

mus sei auf den Aufsatz *Fünf Schwierigkeiten beim Schreiben der Wahrheit* verwiesen, der unter seinen Schriften zur Kunst und Politik eine Sonderstellung einnimmt. Er legt sowohl den vom Marxismus vertretenen Standpunkt dar, dass der Faschismus eine besonders barbarische Abart des Kapitalismus sei: »Der Faschismus ist eine historische Phase, in die der Kapitalismus eingetreten ist, insofern etwas Neues und zugleich Altes. Der Kapitalismus existiert in den faschistischen Ländern nur noch als Faschismus und der *Faschismus kann nur bekämpft werden als Kapitalismus, als nacktester, frechster, erdrückendster und betrügerischster Kapitalismus.«* (GW, XVIII, 226f.) Darüber hinaus bietet dieser Aufsatz ein durch Beispiele erläutertes, praktisches Programm zum Kampf für die Wahrheit in Zeiten der Unterdrückung:

»Wer heute die Lüge und Unwissenheit bekämpfen und die Wahrheit schreiben will, hat zumindest fünf Schwierigkeiten zu überwinden. Er muss den *Mut haben*, die Wahrheit zu schreiben, obwohl sie allenthalben unterdrückt wird; die *Klugheit*, sie zu erkennen, obwohl sie allenthalben verhüllt wird; die *Kunst*, sie handhabbar zu machen als eine Waffe; das *Urteil*, jene auszuwählen, in deren Händen sie wirksam wird; die *List*, sie unter diesen zu verbreiten. Diese Schwierigkeiten sind groß für die unter dem Faschismus Schreibenden, sie bestehen aber auch für die, welche verjagt wurden oder geflohen sind, ja sogar für solche, die in den Ländern der bürgerlichen Freiheit schreiben.« (GW, XVIII, 222)

Dieser Aufsatz gelangte unter verschiedenen Tarntiteln nach Deutschland, um den Widerstandsgeist zu schüren. Die fünf Richtlinien sind aber auch für Brechts Arbeit im Exil, zumal für seine Theaterstücke, verbindlich und nennen Kriterien, an denen sich nicht zuletzt Galileis Kampf um die Wahrheit und sein widerspruchsvolles Verhalten in schwierigen Zeiten messen lässt.

Sehen wir von Brechts zahlreichen Reden, Aufsätzen und Gedichten über Unterdrückung, Exil, Faschismus und Krieg ab, lassen wir bedeutende Werke wie den *Cäsar-Roman, Die Kriegsfibel* oder *Flüchtlingsgespräche* außer Acht und betrachten nur sein Theaterschaffen, das er auf übernationaler Ebene in den Dienst des Klassenkampfs stellte, so ist es bemerkenswert, wie oft er sich auch in diesem Genre politischen Zeitereignissen zuwendet.

Das Parabelstück *Die Rundköpfe und die Spitzköpfe* (1931–35) geißelt Hitlers Rassenpolitik als hirnloses Mittel ausbeuterischer Klassenpolitik. Die verfremdende Einkleidung des Geschehens sollte durchaus im Sinn einer »listigen« Wahrheitsverbreitung liegen, wurde bei der Aufführung in Dänemark jedoch vielfach missverstanden. Das realistischer gestaltete Widerstandsstück *Die Gewehre der Frau Carrar* (1937) ist dem mutigen Freiheitskampf des spanischen Volks gegen den Faschismus gewidmet. Schon seit 1935 arbeitet Brecht an Einaktern über den Nazi-Terror, die er schließlich zum Zyklus *Furcht und Elend des Dritten Reiches* (1938) zusammenfasst. 1938 beendet Brecht die erste Fassung des *Galilei.* Seine Behauptung, das Stück trage keine aktuelle Spitze gegen Deutschland und Italien, sollte wohl die dänischen Behörden beruhigen, kann aber kaum von der Zeitbezogenheit des Werks ablenken, zumal Brecht bei der Nachricht von der Spaltung des Urankerns Korrekturen im *Galilei* anbringt. Mit *Mutter Courage und ihre Kinder* (1939) greift Brecht auf die gleiche historische Epoche wie im *Galilei* zurück; doch steht die am Vorabend des 2. Weltkriegs geschriebene, warnende Chronik des 30-jährigen Kriegs in deutlicher Beziehung zum unmittelbaren Zeitgeschehen. Die in Schweden entstandenen Einakter *Dansen* und *Was kostet das Eisen* (1939) kritisieren in parabolischer Form Skandinaviens Handelsbeziehungen zu Nazi-Deutschland. In *Der aufhaltsame Aufstieg des Arturo Ui* (1941) wählt Brecht eine Chicagoer Gangstergeschichte zur »Verhüllung«

bzw. »Enthüllung« brutal-krimineller Nazi-Praktiken. Im amerikanischen Exil erhält die mit Charles Laughton unternommene Bearbeitung des *Galilei* durch Kriegsereignisse (Atombombenabwurf) neue Aktualität. Daneben entsteht *Die Gesichte der Simone Machard* (1943), eine Umwandlung der Jeanne d'Arc-Figur zur antifaschistischen Resistance-Gestalt im von deutschen Truppen besetzten und z. T. mit den Nazis kollaborierenden Frankreich. *Schweyk im Zweiten Weltkrieg* (1943) wiederum enthält eine Satire der Nazi-Größen, die durch den »kleinen Mann« schließlich zu Fall gebracht werden. Die Rahmenhandlung von *Der kaukasische Kreidekreis* (1945) bezieht die alte chinesische Parabel auf den ökonomisch-sozialen Wiederaufbau zweier Kolchosen nach dem Widerstandskampf gegen die Nazis. Die in der Schweiz entstandene Bearbeitung der *Antigone* (1947) verbindet Brecht durch die Vorszene (Berlin. April 1945) deutlich mit dem Ende des grausamen Weltkriegs. In *Turandot* oder *Der Kongress der Weißwäscher* (1953–54) kommt Brecht wieder auf den intellektuellen Ausverkauf (Tuismus) und auf Hitler (Gogher Gogh, ein neuer ›Ui‹) zurück. Andere dramatische Projekte, wie z. B. *Der Wagen des Ares*, zielen auf die unmittelbare politische Situation – hier: das Weiterleben der Kriegsgefahr. So lange sich die Nachkriegsverhältnisse nicht im Sinne sozialistischer Gesellschaftsveränderung entwickelten, galt für Brecht der warnende Schlusssatz über den kriminellen Machthaber Ui: »Der Schoß ist fruchtbar noch, aus dem das kroch!« (GW, IV, 1385)

Diese Theaterstücke der Exilzeit, in denen Brecht direkter als in anderen (z. B. *Der gute Mensch von Sezuan*, 1938–41, *Herr Puntila und sein Knecht Matti*, 1940, oder *Die Tage der Commune*, 1948–49) zu Zeitereignissen der Hitler-Ära und des Weltkriegs Stellung nahm, waren nicht für die Schublade geschrieben. Unermüdlich versuchte Brecht, unter großen Hindernissen, seine Werke im Ausland drucken zu lassen und auf die Bühne zu bringen. Zu namhaften Aufführungen kam es jedoch vor Kriegsende nur in Kopenhagen, Paris, Zürich, Los Angeles und New York. Erst seit den 50er Jahren gehören seine Stücke zum oft heftig umstrittenen, doch festen Repertoire der Bühnen in West und Ost. Von 1948 bis 1956 hatte Brecht die Möglichkeit, im eigenen Theater am Schiffbauerdamm in Ost-Berlin, unterstützt von namhaften Mitarbeitern, seine Stücke in seinem Sinne aufzuführen, die von ihm entwickelte »epische« bzw. »dialektische« Spielweise zu vervollkommnen und durch Gastvorstellungen des »Berliner Ensembles« auch außerhalb der DDR von Einfluss zu sein. Brecht starb, erst 58-jährig, während der Proben zum abermals überarbeiteten *Leben des Galilei*, das ein besonders brisantes Bühnenereignis zu werden versprach.

2.2 Entstehung und verschiedene Fassungen

Die *erste der drei Fassungen* des Stücks entstand 1938–39 in Dänemark. Am 23.11.1938 notierte Brecht: »*Das Leben des Galilei* abgeschlossen. brauchte dazu drei wochen.« (AJ, 35) Der relativ raschen Niederschrift gingen intensive Studien und Entwürfe (Bruchstücke) voraus (BBA, I, 87–126). Schon in den frühen 30er Jahren plante Brecht ein Gemeinschaftswerk (mit Autoren wie Feuchtwanger, Toller, Heinrich Mann) über große Prozesse der Menschheitsgeschichte: Er dachte an Fälle wie Sokrates, Catilina, Christus, Hus, Savonarola, Luther, Maria Stuart,

Giordano Bruno und Galilei. Solche dramatisierte Gerichtsszenen sollten in einem Panoptikum-Theater vorgeführt werden. Die frühesten Entwürfe zum *Galilei* (darunter eine *Fassung für Arbeiter)* deuten auf einen positiven Volkshelden inmitten gesellschaftlicher Auseinandersetzungen, einen zugleich mutigen und listigen Widerstandskämpfer im Sinne früherer Lehrstücke. Die den deutschen Widerstand erschwerenden politischen Verschärfungen um 1938 veranlassten Brecht, den rebellischen Helden des »Ur-Galilei« (ursprünglicher Titel: *Die Erde bewegt sich)* widerspruchsvoller zu gestalten: Er ist nun weniger aktiv und volksverbunden, sondern reagiert auf Zwangslagen, muss sich der Obrigkeit fügen und verliert besonders in der ambivalenten Motivierung seines Widerrufs an persönlicher Integrität. Einerseits verrät er, unheldisch, aus Furcht vor dem Tod, seine Lehre und verurteilt sich auch als Lügner; andrerseits forscht, schreibt und kämpft er in der Verbannung weiter und durch List gelangt sein Werk, gewissermaßen ›entpersönlicht‹, über die Grenze. Trotz der finsteren Zeitverhältnisse (Faschismus) endet das Stück optimistisch. Die Schlauheit des Überlebens (zwecks Überwindung) wird – im Sinne der in Szene 8 eingefügten Keunos-Parabel über vorgetäuschte Unterwerfung (vgl. Brechts Keunergeschichte *Maßnahmen gegen die Gewalt* [GW, XII, 375f.]) – noch positiv gewertet. Wissenschaftliche Entdeckungen (auch die Kernspaltung) verheißen »Glücksgüter der Menschen«, sozialen Fortschritt, eine neue Zeit. Der Persönlichkeitsverlust des Forschers ist in der 1. Fassung noch nicht Verrat an der Gesellschaft, der Widerruf wird durch den illegalen Kampf aufgewogen. Diese bisher nur in Auszügen veröffentlichte Version wurde am 9.9.1943 unter der Regie von Leonard Steckel in Zürich uraufgeführt.

Die *zweite, amerikanische Fassung (Galileo,* 1945/46) erarbeitete Brecht mit dem Schauspieler Charles Laughton im kalifornischen Exil. Unzufrieden mit der Moral der ersten Fassung (vgl. AJ, 646), deren Widerstandsaspekt (illegaler Kampf gegen die Obrigkeit) unter der Nazi-Diktatur keine Entsprechung fand bzw. nach 1938 nicht mehr aktuell war, schien Brecht, trotz Laughtons Interesse und Eignung für die vitale Hauptfigur, das *Galilei*-Stück längere Zeit für wenig zeitgemäß zu halten. Die Atombombenabwürfe auf Japan Anfang August 1945 gaben der Bearbeitung plötzlich einen neuen, weltgeschichtlichen Impuls: »Das ›atomarische Zeitalter‹ machte sein Debüt in Hiroshima in der Mitte unserer Arbeit. Von heute auf morgen las sich die Biografie des Begründers der neuen Physik anders. Der infernalische Effekt der Großen Bombe stellte den Konflikt des Galilei mit der Obrigkeit seiner Zeit in ein neues, schärferes Licht. Wir hatten nur wenige Änderungen zu machen, keine einzige in der Struktur.« (GW, XVII, 1106)
Die Änderungen stellten Galilei in ein negativeres Licht. Brecht strich die Pestszene (die Galileis Furchtlosigkeit zeigt), den zweiten Teil der Papstszene (die die überwältigende Anzahl von Galileis Feinden betont) und die Schlussszene (die durch den Grenzschmuggel der *Discorsi* eine bessere Zukunft in Aussicht stellt). Die wichtigsten Textänderungen negieren die Moral der List (es entfällt die Keunos-Parabel, Bacons Ausspruch »Die Natur besiegen wir nur, indem wir ihr gehorchen« und gegen Ende der Auftritt des Hafners, der Galileis Volksverbundenheit und heimlichen Widerstand betont hatte); stattdessen bildet Galileis mörderische Selbstanalyse nun den Abschluss. Gleichzeitig wird der Grundkonflikt stärker gesellschaftspolitisch motiviert: Ludovico ist nun ein despotischer Feudalherr; das klassenbewusste Karnevalsvolk feiert *»a gigantic figure of Galileo* [. . .] the Bible killer!« (CP, 447) als Re-

bellen; der Eisengießer Matti, Vertreter des aufstrebenden Bürgertums, versichert, dass die oberitalienischen Städte hinter Galilei stehen; und der Linsenschleifer Federzoni, ebenfalls auf Galileis Seite, verkörpert den Handwerker aus dem Volk, der die Wissenschaft in Praxis, d. h. Technik, umsetzen könnte. Galileis Widerruf bedeutet nun Verrat an den fortschrittlichen Volksschichten. Indem er sich feige der Obrigkeit fügt, wird er gesellschaftlich verantwortungslos, begeht die Ur- und Erbsünde des Wissenschaftlers, wird zum sozialen Verbrecher.
Beachtenswert ist Brechts ausführliche Würdigung der Mitarbeit Laughtons in *Aufbau einer Rolle: Laughtons Galilei* (Berlin 1956), auch enthalten in Mat. I, 38–75; II, 77–111, allerdings ohne Illustrationen, dafür mit folgendem Gedichtfragment:

»BRIEF AN DEN SCHAUSPIELER CHARLES LAUGHTON, DIE ARBEIT AN DEM STÜCK ›LEBEN DES GALILEI‹ BETREFFEND

Noch zerfleischten sich unsere Völker, als wir
Über den abgegriffenen Heften saßen, in Wörterbüchern
Suchend nach Wörtern und viele Male
Unsere Texte ausstrichen und dann
Unter den Strichen hervor die anfänglichen Wendungen
Wieder ausgruben. Allmählich –
Während die Wälle der Häuser einstürzten in unseren Hauptstädten –
Stürzten die Wälle der Sprachen zusammen. Gemeinsam
Fingen wir an, dem Diktat der Figuren und Vorgänge
Neuem Text zu folgen.

Immerfort wandelte ich mich zum Schauspieler, zeigend
Gestus und Tonfall einer Figur und du
Wandeltest dich zum Schreiber. Weder ich noch du
Sprangen aus unserm Beruf doch.« (fragmentarisch)

Aus den zahlreichen Tagebucheintragungen über die Arbeit an der amerikanischen Fassung sei die vom 1.12.1945 herausgegriffen:

»*GALILEO* (amerikanische fassung) abgeschlossen (bis auf ballade). *LAUGHTON* liest sie vor ...

vorwort

geehrtes publikum der Breiten Straße
wir laden Sie heut in die welt der kurven und maße
zu entschleiern vor ihrem kennerblick
die geburtsstunde der physik.
Sie sehen das leben des großen Galileo Galilei,
den kampf des fallgesetzes mit dem gratias dei,
der wissenschaft mit der obrigkeit
an der schwelle einer Neuen Zeit.
Sie sehen die wissenschaft jung, geil und drall
und Sie sehen ihren sündenfall.
sie muss essen und ihr wird gewalt getan
und so kommt sie auf die schiefe bahn
und wird, die meisterin der natur
billige gesellschaftshur.
noch ist das wahre nicht die ware
doch hat es schon dies sonderbare
dass es die vielen nicht erreicht
und macht ihr leben schwer statt leicht.

solches wissen ist aktuell
die Neue Zeit läuft ab besonders schnell.
wir hoffen, Sie leihen Ihr geneigtes ohr
wenn nicht uns, so doch unserm thema, bevor
infolge der nicht gelernten lektion
auftritt die atombombe in person.« (AJ, 765)

Die auf die USA gemünzte, in englischem Druck vorliegende zweite Fassung wurde am 30.7.1947 in Beverly Hills uraufgeführt und gelangte im Dezember 1947 auch in New York auf die Bühne, in beiden Fällen unter der Regie von Joseph Losey (der später auch einen Galilei-Film nach Brechts Stück drehte).

Die *dritte Fassung (Leben des Galilei,* 1954–56) entstand in Berlin anlässlich der geplanten Aufführung im Theater am Schiffbauerdamm und beschäftigte Brecht bis zu seinem Tod. Die Unterschiede zwischen der zweiten und dritten Fassung sind weit geringer als die zwischen der ersten und dritten. Im Wesentlichen ist die letzte Version eine Rückübersetzung des amerikanischen Textes ins Deutsche, wobei sie sich, besonders im Sprachlichen, natürlich auch auf die erste deutsche Fassung stützt, die in Dänemark entstanden war. Aber auch die Pest- und Schlussszenen werden wieder eingefügt – letztere wurde allerdings nicht gespielt. Die Tendenz der Bühnenfassung von 1957 ist gegenüber dem gedruckten Text verschärft, aber auch in der heute allgemein verbindlichen Druckfassung bleibt der negative Eindruck, den Galileis Umfall hinterlässt. Ja, die Selbstanklage des großen Forschers klingt noch radikaler durch Zusätze wie:

»Hätte ich widerstanden, hätten die Naturwissenschaftler etwas wie den hippokratischen Eid der Ärzte entwickeln können, das Gelöbnis, ihr Wissen einzig zum Wohle der Menschheit anzuwenden! Wie es nun steht, ist das Höchste, was man erhoffen kann, ein Geschlecht erfinderischer Zwerge, die für alles gemietet werden können.«

Waren es vornehmlich Brecht und östliche Kritiker, die Entstehung und Bedeutung der ersten Fassung auf das faschistische Deutschland (in Verbindung mit der Kernspaltung) und der zweiten Fassung auf die kapitalistischen USA (Atombombe) bezogen, so meldeten sich vor allem westliche Stimmen, die auch in der dritten Fassung neue Aktualität erblickten: einerseits die Entwicklung der Wasserstoff- und Kobaltbombe, der Oppenheimer-Prozess und McCarthyismus in den USA, andererseits die Unterdrückung freier Meinungsäußerung durch kommunistische Staaten. Die westdeutsche Premiere dieser Fassung war am 16.4.1955 in Köln unter der Regie von Friedrich Siems, die ostdeutsche am 15.1.1957 im Berliner »Theater am Schiffbauerdamm« unter der Regie von Erich Engel.

Brechts Quellenstudien umschlossen Werke von und über Galilei. Er war vertraut mit Galileis *Discorsi (Unterredungen und mathematische Demonstrationen über zwei neue Wissenszweige, die Mechanik und die Fallgesetze betreffend;* 2 Bände. Übers. u. hg. von Arthur von Oettingen. Leipzig 1890, 1891), und sicher auch mit Galileis *Dialogo (Dialog über die beiden hauptsächlichen Weltsysteme.* Übers. u. hg. von Emil Strauß. Leipzig 1891). An Sekundärinformation benutzte er: Emil Wohlwill, *Galilei und sein Kampf für die copernikanische Lehre.* 2 Bände. Hamburg, Leipzig 1909, 1926; Leonardo Olschki, *Galilei und seine Zeit.* Halle 1927; Henri Mineur, *Elements de statique mathematique applicables à l'étude de l'astronomie stellaire.* Paris 1934; James Jeans, *Die Wunderwelt der Sterne.* Stuttgart, Berlin 1934 (zuerst engl.: Cambridge 1933); A. S. Eddington, *Das Weltbild der Physik und ein Versuch seiner philosophischen Deutung.* Braunschweig 1931; ferner Schriften von Francis Bacon, Montaigne und Horaz – und, nicht zu vergessen, Auskünfte von »Assistenten Niels Bohrs, arbeitend an dem Problem der

Zertrümmerung des Atoms« (GW, XVII, 1106). Eine Hauptquelle, wie stets, war die Bibel. Ob Brecht auch literarische Gestaltungen des Galilei-Stoffs kannte, ist ungewiss, doch wahrscheinlich. Aufgrund einiger auffälliger Bezüge, die sich nicht zu anderem Quellenmaterial herstellen lassen, dürfte Brecht die deutsche Fassung des weit verbreiteten Galilei-Romans von Zsolt von Harsányi, *Und sie bewegt sich doch* (Leipzig 1937), sowie die fünfaktige dramatische Dichtung von Jakob Bührer, *Galileo Galilei* (Zürich 1933), benutzt haben. Ein Seitenprodukt von Brechts Studien zum Galilei-Stoff ist die 1939 entstandene Geschichte über Giordano Bruno, *Der Mantel des Ketzers* (GW, XII, 276–285).

2.3 Stellung des Stücks innerhalb von Brechts Theatertheorie

Schon vor seiner Emigration hatte sich Brecht, angefangen mit seinen Augsburger Theaterkritiken (1919–21), dann während seiner Theaterarbeit in München (1921–24) und besonders im kulturellen Zentrum Berlin (1924–33) intensiv mit zeitgenössischer Dramatik und Schauspielkunst auseinander gesetzt. Seine ständigen Bemühungen um eine dem wissenschaftlichen Zeitalter angemessene moderne Dramaturgie resultierten schließlich in einer umfangreichen, praxisbezogenen Theorie des »epischen« bzw. »dialektischen« Theaters. Die Hauptgedanken dieser Theorie tragen auch zum Verständnis von *Leben des Galilei* bei, wenngleich dieses Stück nicht als der ausgeprägteste Typus dieser Dramaturgie angesehen wird.
Brechts Theater will nicht ein vom Leben getrenntes, ästhetisches Konsumobjekt, sondern ein das Leben beeinflussendes, produktives Lehr- und Unterhaltungstheater sein. Die »Menschheit mit all ihren Verhältnissen, Verfahren, Verhaltensweisen und Institutionen« muss deshalb als veränderbar dargestellt und im (veränderbaren) Zuschauer als veränderbar provoziert werden, da ja letztlich nur die Menschen die Gesellschaft ändern können. Hieraus erklärt sich einerseits Brechts Negierung des Schicksalsbegriffs (z. B. die unentrinnbare Determiniertheit des Menschen im Drama des Naturalismus), andrerseits aber auch seine Ablehnung des idealisierten Ewig-Menschlichen als unrealistisch und unprogressiv.
Brechts wichtigste Methode, Veränderbarkeit bewusst zu machen, ist die ›Verfremdung‹, die er der ›Einfühlung‹ der sog. ›aristotelischen‹ Dramatik entgegensetzt. Der Appell ans Gefühl, die emotionale Identifizierung mit dem tragischen Helden, welche nach Aristoteles die ›Katharsis‹ (seelische Läuterung des Zuschauers) herbeiführe, erlaube nur eine ästhetische Abreaktion. Distanzierende Verfremdung hingegen appelliere vornehmlich an die Vernunft und ermögliche kritisches Eingreifen. Anstelle der »Furcht vor dem Schicksal« soll die »Wissensbegierde«, anstelle des »Mitleids« die »Hilfsbereitschaft« treten.

»Was ist Verfremdung? Einen Vorgang oder einen Charakter verfremden heißt zunächst einfach, dem Vorgang oder dem Charakter das Selbstverständliche, Bekannte, Einleuchtende zu nehmen und über ihn Staunen und Neugierde zu erzeugen. [...] Verfremden heißt also Historisieren, heißt Vorgänge und Personen als historisch, also als vergänglich darstellen. [...] dass der Zuschauer die Menschen auf der Bühne nicht mehr als ganz unänderbare, unbeeinflussbare, ihrem Schicksal hilflos ausgelieferte dargestellt sieht. Er sieht: Dieser Mensch ist so und so, weil die Verhältnisse so und so sind. Und die Verhältnisse sind so und so, weil der Mensch so und so ist. Er ist aber nicht nur so vorstellbar, wie er ist, sondern auch anders, so wie er sein könnte, und auch die Verhältnisse sind anders vorstellbar, als sie sind.« (GW, XV, 301f.)

Der Zuschauer im Theater soll also eine neue, beobachtende, wissenschaftliche Haltung einnehmen, die ihn zum »groß e[n] Änderer« macht,

»der in die Naturprozesse und die gesellschaftlichen Prozesse einzugreifen vermag, der die Welt nicht mehr nur hinnimmt, sondern sie meistert. Das Theater versucht nicht mehr, ihn besoffen zu machen, ihn mit Illusionen auszustatten, ihn die Welt vergessen zu machen, ihn mit seinem Schicksal auszusöhnen. Das Theater legt ihm nunmehr die Welt vor zum Zugriff.« (GW, XV, 302f.)

Brechts verfremdende Mittel (V-Effekte) sind also Mittel zur Illusions-Durchbrechung; Mittel, die das Theater nicht als Spiegelung der Wirklichkeit, sondern als Theater aufzeigen; Mittel, die nicht imitieren, sondern demonstrieren; Mittel, die den Zuschauer nicht in Trance versetzen, sondern aufrütteln.

»Es handelt sich hierbei, kurz gesagt, um eine Technik, mit der darzustellenden Vorgängen zwischen Menschen der Stempel des Auffallenden, des der Erklärung Bedürftigen, nicht Selbstverständlichen, nicht einfach Natürlichen verliehen werden kann. Der Zweck des Effekts ist, dem Zuschauer eine fruchtbare Kritik vom gesellschaftlichen Standpunkt zu ermöglichen.« (GW, XVI, 553)

Brechts Verfremdungstechnik betrifft sämtliche Bereiche des Schauspiels: Handlung, Struktur, Figurendarstellung, Text (Sprache), Bühnenbild, Kostüme, Beleuchtung, Musik usw.
Die bevorzugte Verfremdungsform der gesamten Handlung ist die Parabel und die distanzierende Historie, welche ›zeitgemäße‹ Geschehen in ›unzeitgemäße‹, ja ›exotische‹ bzw. historisch entfernte Gebiete verlegen (Chicago, China, das 17. Jahrhundert). Die lineare Progression des Ziel-orientierten Dramas wird häufig unterbrochen durch Elemente wie: Prolog, Zwischenspiel, Epilog, Lied-Einlagen, kommentierende Wendungen ans Publikum (durch ›Erzähler‹-Figuren oder die Schauspieler selbst), Film-Projektionen, Montagen, Plakate, erklärende Schilder oder Sprüche. Zweck all dieser »episierenden« (d. h. ›berichtenden‹) Verfremdungselemente ist: die emotionsgeladene Spannung auf den Ausgang des Geschehens zu ersetzen durch kritische Neugier auf den Gang, d. h. die Art und Weise – und mögliche Alternativen – des Geschehens. Die Schauspieler sollen sich nicht völlig in die dargestellten Figuren verwandeln, sondern ihre Rollen (manche tragen Masken) zugleich zeigen, zitieren und kommentieren, damit auch die Zuschauer sich nicht mit den Charakteren identifizieren, sondern ihr auffällig gemachtes Verhalten beobachten und beurteilen. Bei der Sprach-Verfremdung gibt es ungezählte Möglichkeiten der scheinbar widersprüchlichen Verbindung von Gewohntem und Ungewohntem, wodurch belehrende Überraschungseffekte entstehen, Entlarvungen von Klischees oder neue Gesichtspunkte, die eine Situation oder eine Haltung verdeutlichen. Auch Bühnenbild, Kostüme und Beleuchtung sollen keine Illusion der Wirklichkeit vortäuschen. Anstelle des trennenden Vorhangs (als ›vierte Wand‹) setzte Brecht »die halbhohe, leicht flatternde Gardine« (GW, XVI, 757f.), die dem Zuschauer Einblick in Bühnen-Vorkehrungen gewährt und ihn nicht vergessen lässt, dass hier Theater gespielt wird. Bühnenbilder sind andeutend, stilisierend und demonstrierend, die Lichtquellen meist sichtbar. Auch die Musik hat nicht emotionalisierende, sondern kontrastierende Funktion, d. h. Musik und Text (bzw. Situation) verfremden sich gegenseitig. Brechts gesamte Theatertechnik zielt darauf ab, Widersprüche von gesellschaftlicher Konsequenz aufzuzeigen: Jede Sache hat zwei Seiten bzw. enthält die Möglichkeit ihres Gegenteils (Dialektik). Nichts ist stets so, wie es ist (scheint). Durch diese Art der dialektischen Darstellung fordert Brecht intellektuelle und soziale Produktivität im gesellschaftsverändernden Sinn.

Brecht bestand nicht auf einer ›definitiven‹ (absoluten) Version eines Stücks, sondern war immer am Experimentieren. Besonders der Darstellungsstil ist eine ziemlich offene Variable. Brecht selbst räumte ein, dass »die Methoden schon wegen der ständig sich wandelnden gesellschaftlichen Situation [. . .] geändert oder ausgewechselt werden« müssen (GW, XV, 314). Trotz seiner einheitlichen Theorie, die »sehr bestimmt gegenüber anderen theorien« sei, streben die Stücke auseinander: »wenn ich meine letzten stücke betrachte und vergleiche, GALILEI, MUTTER COURAGE, FURCHT UND ELEND, DER GUTE MENSCH VON SEZUAN, HERR PUNTILA UND SEIN KNECHT MATTI, AUFSTIEG DES UI, so finde ich sie abnorm uneinheitlich in jeder weise.« (AJ, 274)
Brechts Aussagen über *Leben des Galilei* deuten darauf hin, dass hier der Widerspruch zwischen Einfühlung und Verfremdung ein besonderes Problem darstellte. Schon am 23.11.1938 sprach er von dem »Kunstgriff« der Selbstverurteilung am Schluss, die unbedenklicher Einfühlung distanzierend entgegenwirken sollte (AJ, 35). Am 25.2.1939 heißt es gar:

»LEBEN DES GALILEI ist technisch ein großer rückschritt, wie FRAU CARRARS GEWEHRE allzu opportunistisch. man müsste das stück vollständig neu schreiben, wenn man diese ›brise, die von neuen küsten kommt‹, diese rosige morgenröte der wissenschaft, haben will. alles mehr direkt, ohne die interieurs, die ›atmosphäre‹, die einfühlung. und alles auf planetarische demonstrationen gestellt.« (AJ, 41)

Obwohl Brecht auch am 30.7.1945 wie nebenbei noch einmal erwähnt: »im formalen verteidige ich dieses stück nicht besonders kräftig« (AJ, 747), stehen seine übrigen, umfangreichen Kommentare über den *Galilei* im Zeichen erfolgreicher Episierungs- (d. h. Verfremdungs-)Versuche. Für die locker geknüpften Episoden der epischen Bauart schreibt Brecht in den USA ein Vorwort (AJ, 765), das – wie die kurzen Inhaltsangaben und Epigramme zu den einzelnen Szenen – die Spannung auf den Ausgang zur Neugier auf das ›Wie‹ umfunktionieren helfen soll. In Bezug auf die Rolle des Galilei betont Brecht die »Fremdheit, Neuartigkeit, Auffälligkeit dieser neuen Figur in der Geschichte« (GW, XVII, 1127); ja, er setzt den »fremden Blick« des zweifelnden, verwunderten Wissenschaftlers geradezu als Prototyp für Verfremdung (Mat. I, 79; II, 62), die Rolle selbst als Modell epischer Spielweise, indem »der Schauspieler in zweifacher Gestalt auf der Bühne steht, als Laughton und als Galilei, dass der zeigende Laughton nicht verschwindet in dem gezeigten Galilei« (GW, XVI, 683; Mat. I, 79 f. II, 62). Immer wieder betont Brecht das Zeigende, Demonstrierende an dieser Rolle, den gestischen Gehalt einzelner Szenen und sprachlicher Passagen, aber auch der Musik, die nicht einfach begleitet, sondern kommentiert (Mat. I, 83; II, 65) und der Bühnenbilder, die »geschichtlich oder gesellschaftlich Interessantes aussagen [. . .] Neher stellte den ›Galilei‹ vor Projektionen von Landkarten, Dokumenten und Kunstwerken der Renaissance« (Mat. I, 84; II, 66). In der Tat: Sammelt man sämtliche Kriterien epischer Schauspieltechnik aus den detaillierten Erläuterungen Brechts zum *Galilei,* so wird man kaum ein wichtiges Element seiner Theater-Theorien vermissen.
Wenn sich trotz dieser Elemente bei vielen Betrachtern der Eindruck durchsetzte, *Leben des Galilei* sei ebenso sehr aristotelisches Einfühlungstheater wie episches Lehrtheater, so sieht man als Grund dafür meist die vorgeprägten Konstellationen des historischen, illustrativen Stoffs, die nicht die gleiche Freiheit der Verfremdung gewährleisten, wie eine erfundene, demonstrative Parabel; vor allem aber die große

Vitalität der Hauptgestalt, deretwegen Brecht den »Kunstgriff« der Selbstverurteilung am Schluss forcierte, »um auf jeden fall dem zuschauer den nötigen abstand zu sichern. selbst der unbedenklich sich einfühlende muss zumindest jetzt auf dem weg der einfühlung selber in den galilei, den V-effekt verspüren. bei streng epischer darstellung kommt eine einfühlung erlaubter art zustande.« (AJ, 35) Auch in späteren Ausführungen seiner Theorie erlaubt Brecht Emotionen, solange sie der Kritik dienen. Wiederholt betont er, dass für eine Veränderung der Welt sowohl Verstand und Gefühl vom Theater angesprochen werden müssten, und mehrmals appelliert er auch in seinen Notizen zum *Galilei* an den fühlenden und denkenden Zuschauer. Jedenfalls wird besonders der nicht »unbedenklich sich Einfühlende« feststellen, dass dieses Stück kaum weniger – und nicht erst gegen Schluss – auf Widerspruch (und Widersprüchlichkeit) angelegt ist, als Brechts andere große Dramen.

3 Wort- und Sachkommentar

(Die Seitenangaben im folgenden Text beziehen sich auf die Taschenbuchausgabe edition suhrkamp 1. 25. Auflage, 1106.–1145. Tausend. Frankfurt 1980)

S. 7 *kopernikanisch:* Nikolaus Kopernikus bzw. Coppernicus (1473–1543), Astronom und Begründer des ›heliozentrischen‹ Weltbildes, wonach die Sonne der Mittelpunkt der zirkulierenden Planetenbahnen (einschließlich der Erdbahn) ist, die Erde sich täglich um ihre Achse dreht und ihrerseits vom Mond umkreist wird. K. verfolgte humanistische, mathematische, astronomische und rechtliche Studien, promovierte zum Doktor des Kirchenrechts und studierte anschließend Medizin. Das dem Papst Paul III. gewidmete Hauptwerk des K., *De revolutionibus orbium coelestium libri VI (Sechs Bücher über die Umläufe der Himmelskörper)* erschien erst im Todesjahr des Verfassers und blieb 73 Jahre lang von der Kirche unbeanstandet. 1616 wurde es, im Zuge des Edikts gegen Galileis ›Kopernikanismus‹, auf den Index der verbotenen Bücher gesetzt und erst 1835 wieder davon gestrichen. – *ptolemäisch:* Claudius Ptolemäus (ca. 85–160), Geograph, Astronom und Mathematiker aus Alexandria, der in seinem Hauptwerk *Syntaxis Mathematica (Großes astronomisches System)* die Lehre vom ›geozentrischen Weltbild‹ zusammenfasste, wonach die Erde im Mittelpunkt der Welt ruht und von 7 Planeten (einschließlich Sonne und Mond) umkreist wird. Das einflussreiche Werk ist durch eine Übersetzung ins Arabische *(Kitab al-magisti),* später ins Lateinische, auch unter dem Titel *Almagest* bekannt. Die mittelalterliche Vorstellung des Weltsystems entspricht der ptolemäischen Lehre.

S. 8 *Astrolab:* Astrolabium = griech. ›Sternfasser‹, altes astronomisches Messgerät zur Bestimmung von Längen, Breiten und Winkeln von Himmelskoordinaten. Es ist ein Kugelsystem aus einer Anzahl konzentrisch angeordneter, sich überschneidender Ringe, welche die Positionen (Äquator, Ekliptik, Wendekreise, Polarkreise, Horizont) der wichtigsten Himmelskreise angeben. – *kristallnen Sphären:* Nach alten Vorstellungen werden Himmelskörper an kristallenen Schalen kreisförmig um die Erde bewegt.

S. 9 *seit unsere Schiffe zu ihnen fahren:* Die Entdeckungsfahrten von Christoph Columbus und Vasco da Gama bewiesen u. a. die Kugelgestalt der Erde. – *Glaube . . . Zweifel:* Anspielung auf Grundsätze der Philosophie Descartes'.

S. 10 *selbst im Schachspiel:* neue Bewegungsmöglichkeiten (Türme, Läufer, Dame, Rochade) in der Entwicklung des Schachspiels (vgl. S. 65). – *»O früher Morgen des Beginnens!«:* vgl. Brechts Hauptquelle Wohlwill, I, 125: »Darf man mit Bacon sagen, dass es aus den hier angedeuteten Anfängen uns anweht, wie der Hauch des Windes, der von neuen Küsten kommt« (s. a.: Franz Baco's *Neues Organon,* hg. v. J. H. Kirchmann, Berlin 1870, S. 177–180).

S. 11 *Kippernikus:* ›volksetymologische‹ Bezeichnung für Kopernikus, mit Anspielung auf »kippen« d. h. »umdrehen«: Das neue kopernikanische System »kippt« alte Vorstellungen um (ist revolutionär).

S. 12 *in dem zu leben eine Lust ist:* Anspielung auf Ulrich von Huttens Ausspruch »O saeculum! O literae! Iuvat vivere!« (O Jahrhundert, o Wissenschaften! Es ist eine Lust zu leben!)

S. 15 *dieses komische Rohr:* erstes Linsenfernrohr (1608) des Holländers Hans Lippershey

S. 16 *Kurator:* Prokurator (Antonio Priuli) war der höchste Staatsbeamte der Republik Venedig. – *Skudo:* Scudo = frühere italienische Silbermünze (Escudo = spanische, portugiesische und südamerikanische Goldmünze). – *Republik:* Republik Venedig, relativ unabhängig von der Kirche, regiert von Vertretern des Adels (Signoria), die das Staatsoberhaupt (den Dogen) wählten.

S. 17 *Cremonini:* Caesar Cremonini, Professor für Philosophie und Mathematik an der Universität Padua, war wegen seiner wiss. Arbeiten mehrmals bei der Inquisition denunziert worden. – *Inquisition:* (lat. ›Untersuchung‹) im 12. Jh. in der kath. Kirche entstandenes geistliches Gericht zum Aufsuchen und Bestrafen von Ketzern; seit 1231 durch Papst Gregor IX. zur päpstlichen Einrichtung bestellt (insbesondere mit Franziskanern, Dominikanern, später auch Jesuiten besetzt); wandte Folter an, verhängte kirchliche und leibliche Strafen, darunter Züchtigung, Kerker, Feuertod; seit der Reformation verschwand die I. in Deutschland, erhielt aber 1542 in Italien von Papst Paul III. eine neue strengere Form (Heiliges Offizium); wurde in den katholischen Ländern erst Mitte des 19. Jh. aufgehoben. – *Giordano Bruno:* (1548–1600), einer der ersten modernen Denker; musste wegen seiner Abwendung von mittelalterlichen Vorurteilen und theolog. Autorität den Dominikanerorden verlassen, verbrachte viele Jahre außerhalb Italiens, wurde nach seiner Rückkehr von der Inquisition eingekerkert und verbrannt, weil er, das System des Kopernikus pantheistisch weitergestaltend, ein von der göttlichen Weltseele durchwaltetes, unendliches Universum lehrte.

S. 18 *Signoria:* im spätmittelalterlichen Italien die Herrschaft eines Einzelnen oder eines Geschlechts über ein Stadtgebiet; hier: der ›Herren‹-Rat von Venedig. – *Herr Colombe:* Lodovico delle Colombe, ein ultraperipatetischer Hauptgegner Galileis, versuchte in seinen heimtückischen Streitschriften mit Mitteln der alten Physik, Bibelzitaten und üblichen Analogieschlüssen die Lehre von der Erdbewegung als gotteswidrig zu denunzieren. Nach einem Ausspruch Galileis, der Colombes Ignoranz anprangerte, müsste man dicke Bände schreiben, wenn man alle Dummheiten Colombes beantworten wollte. – *Ihr Unglück ist Ihr Fach:* Galileis Fach, die Mathematik, der Philosophie untergeordnet, hatte damals keinen hohen wiss. Rang.

S. 19 *Aristoteles:* (384–322 v. Chr.) Philosoph, Schüler Platos, stiftete eine Philosophenschule mit Wandelgängen (peripatoi), wonach die ›herumgehenden‹ Aristoteliker auch ›Peripatetiker‹ genannt werden; seine Metaphysik der bewegenden, formenden Kraft (Energie, Entelechie, ›Seele‹) übertrug er auch auf naturwiss. und biolog. Gebiet. Sie galt – wie auch seine Tugendlehre und seine hierarchische Staatslehre – als allumfassende, überaus einflussreiche, von den Kirchenvätern sanktionierte, autoritative Erkenntnisquelle. – *Ihre Entdeckungen:* z. B. Thermometer, Wasserpumpe, Berieselungsanlage (vgl. S. 30). – *Proportionalzirkel:* Vorläufer des Rechenschiebers.

S. 20 *Ihr verbindet dem Ochsen, der da drischt, das Maul:* Anspielung auf das bibl. Sprichwort »Du sollst dem Ochsen, der da drischt, nicht das Maul verbinden«; vgl. 5. Buch Moses, 25,4; Paulus 1. Korinther, 9,9; 1. Timotheus 5,18

S. 21 *Würmer . . . trübe Augen:* vgl. Hiob 25,6: »der Mensch, eine Made, und das Menschenkind, ein Wurm«, und Psalm 6,8: »Mein Auge ist trüb«.

S. 22 *Campanile:* frei neben der Kirche stehender Glockenturm. – *Gracia dei:* (lat. *gratia dei* [dei gratia] = ›von Gottes Gnaden‹, aber auch ›zum Lob Gottes‹), hier ironisch kontrastiert mit dem ›materiellen Verdienst‹ des Fernrohrs (im Sinne von ›Gott sei Dank‹).

S. 23 *Doge:* mundartl. zu ›Duce‹ (Führer, Herzog), vom Adel gewählter Inhaber der höchsten ausübenden Gewalt in Venedig (seit 697); Vorsitzender der Signoria. – *Sagredo:* Giovanni Francesco Sagredo, venezianischer Ratsherr und Freund Galileis. – *Virginia:* Eine uneheliche Tochter Galileis, Virginia Gamba, wurde 1616 Nonne.

S. 25 *Milchstraße:* Entgegen der aristotel. Auffassung konnte Galilei nachweisen, dass die Milchstraße kein Nebel ist, sondern eine Unmenge von Sternen (vgl. S. 31).

S. 30 *gewisse Sterne:* d. h. die Monde des Jupiter

S. 31 *Orion:* Auch die ›Nebel‹ des Orion wies Galilei als Sterne nach. – *die vielen Welten:* Brunos Schrift *Del' infinito, universo et mondi* (Vom Unendlichen, dem All und den Welten), 1584 in London entstanden, spricht von vielen Sonnensystemen (›neue Welten‹).

S. 32 *eine andere Sonne:* hier: der Planet Jupiter

S. 37 *aufgehende Sonne:* Anspielung auf das Sonnensymbol absolutistischer Herrscher. – *Großherzog . . . neun Jahre alt:* 1609 wurde der 19-jährige Cosimo de Medici Großherzog von Toskana (bei Brecht ist er ein Kind).

S. 38 *Mönche dort herrschen:* Macht der Inquisition in ital. Fürstentümern. – *sehenden Auges... ins Verderben:* vgl. Hiob 21,20: »Seine Augen mögen sein Verderben sehen«.

S. 39 *letzte Seite des Briefes:* bezieht sich auf eine Widmung in Galileis 1610 erschienenem *Sidereus Nuncius*

S. 40 *Monsignore:* »mein Herr« (Titel hoher Geistlicher)

S. 41 *Cosmo:* Cosimo (1537–1574), der unbedeutende Enkel Cosimos I., des Herzogs von Florenz und Großherzogs von Toskana aus dem durch Bankgeschäfte reich gewordenen Patriziergeschlecht der Medici, hier mit ironischer Anspielung auf ›Kosmos‹ (›Ordnung‹, bes. Weltordnung, Weltall – vgl. die ›Mediceischen Gestirne‹ und den Streit um die Weltmodelle)

S. 43 *Miasmen:* (griech. Miasma = ›Verunreinigung‹) angeblich aus dem Boden aufsteigende Dünste, die Seuchen verursachen sollen

S. 44 *epizyklische Bahn:* die von einem Punkt auf dem (verlängerten) Radius eines Kreises (der auf einem anderen Kreis rollt) beschriebene ›Radlinie‹

S. 45 *applizieren:* anwenden. – *Aristotelis divini universum...:* das Weltall des (bzw. nach dem) göttlichen Aristoteles

S. 46 *mystisch musizierend:* ›Sphärenmusik‹ der sich bewegenden Kristallschalen des Himmelsgewölbes. – *Satellitentafeln:* Zeittabellen, die die Stellung der Planeten gegenüber der Erde aufzeichnen. – *Katalog der südlichen Halbkugel:* Sternkarten von Sternbildern und Fixsternen. – *celestialer Globus:* ›himmlische Kugel‹; Himmelskugel. – *Gründe:* Für die scholastische Wissenschaft sind ›Gründe‹ nicht empirische Beobachtungen, sondern existierende, sanktionierte Buchwahrheiten. – *Ihrem Rohr . . . zweierlei:* Wiederholt wurden Galileis Entdeckungen als Betrug bezeichnet.

S. 48 *Der Mann hatte kein Fernrohr:* In seinem *Dialog* (1632) sagt Galilei, Aristoteles hätte neue Ansichten entwickelt, wenn er ein Fernrohr gehabt hätte.

S. 49 *Die Wahrheit ist das Kind der Zeit: veritas temporis filia* war ein geflügeltes Wort der Renaissance, das sich auch Bacon zu Eigen machte: »Die Wahrheit heißt mit Recht die Tochter der Zeit und nicht der Autoren« (Neues Organon, S. 135).

S. 50 *Päpstliches Collegium in Rom:* vgl. S. 58, *Das Collegium Romanum,* Forschungsinstitut des Vatikans

S. 51 *Pest:* 1632 wütete eine große Pestepidemie in Italien. – *Arcetri:* kleiner Ort bei Florenz, wo (die historische) Virginia später im Kloster lebte und Galilei in einem Landhaus die letzten Jahre seines ›Hausarrests‹ verbrachte

S. 53 *Englischer Gruß:* kath. Gebet zur Verehrung der Jungfrau Maria (›Ave Maria‹), Gruß des Engels Gabriel an Maria (Luk. 1,28, verbunden mit Luk. 1,42), Hauptbestandteil des Rosenkranzgebets

S. 56 *Ursulinerinnen:* nach der hl. Ursula (5. Jh.) benannte, von der hl. Angela Merici (1474–1540) gegründete Klostergenossenschaft, deren Mitglieder sich der Erziehung und dem Unterricht der weibl. Jugend widmen

S. 58 *1616:* Die Entdeckungen Galileis wurden schon 1611 vom Collegium Romanum bestätigt. – *Schusser:* Spielkügelchen. – *Sancta Simplicitas!:* heilige Einfalt!

S. 59 *Tycho Brahe:* (1546–1601), Astronom und Mathematiker, entdeckte 1572 in der Cassiopeia einen neuen Stern (eine ›Nova‹, die Helligkeit bzw. Sichtbarkeit von ›Novae‹ hängt von explosionsbedingter Lichtintensität ab); erbaute 1576 auf der Insel Hven die Sternwarte Uranienburg; war vor der Erfindung des Fernrohrs einer der ersten systematischen Sternforscher, steigerte die Genauigkeit der astronom. Messungen und ermöglichte dadurch Kepler die Auffindung der Planetengesetze

S. 60 *Principiis obsta!:* Widersteh den Anfängen! (im Sinn von: ›Man hätte sich von Anfang an nicht darauf einlassen sollen!‹) – *»Sonne, stehe still zu Gibeon und Mond im Tale Ajalon!«:* die von Galileis Gegnern viel zitierte Stelle aus dem Alten Testament (Josua 10, 12), die als ein Hauptbeweis für die Bibelfeindlichkeit von Galileis ›häretischer‹ Lehre angeführt wurde

S. 61 *Es gibt auch nicht Mensch und Tier...:* ›Vorandeutung‹ (aus ›rückwärtiger‹ Perspektive)

auf die Evolutionslehre der Biologie, insbesondere auf die Abstammungslehre Lamarcks und Darwins, welche bis heute zu Konflikten (auch gesellschaftlicher Art) mit Verfechtern der biblischen Schöpfungsgeschichte führt. – *so wohin seinen Sohn schicken:* d. h. Gott würde Jesus nur dahin schicken, wo das Zentrum der Welt ist.

S. 62 *Ebenbild Gottes:* vgl. 1. Mose 1,27: »Und Gott schuf den Menschen ihm zum Bilde, zum Bilde Gottes schuf er ihn«.

S. 64 *Index:* ›Verzeichnis der verbotenen Bücher‹ (1559 von Papst Paul IV. gegen reformatorische und naturwissensch. Schriften erlassen). – *Bellarmin:* Robert B. (1542–1621), Jesuit, 1592 Rektor des Collegium Romanum in Rom, ab 1599 Kardinal, 1602–05 Erzbischof von Capua, bedeutender und umstrittener Verteidiger des Papsttums in der Gegenreformation, schrieb ein Werk gegen die Häretiker seiner Zeit, war maßgeblich an der Verurteilung Giordano Brunos beteiligt, wurde 1930 heilig gesprochen und zum Kirchenlehrer erhoben. – *Thais:* griech. Hetäre aus Athen, begleitete Alexander den Großen auf seinem Eroberungszug durch Klein-Asien; veranlasste ihn, die Stadt Persepolis in Flammen zu setzen; später Frau von Alexanders Generaladjutant und Freund (dann König von Ägypten) Ptolemaios I.

S. 65 *Adonis:* in der griech. Sage der von einem Eber getötete Geliebte der Aphrodite; danach allgemein: schöner Jüngling. – *Via del Trionfo:* wörtl. ›Weg (Straße) des Triumphs‹; auf Virginias und Galileis momentanen ›Triumph‹ der Popularität anspielend. – *das alte Schach:* ursprüngl. hatte der König größere, Dame, Türme, Läufer und Bauern geringere Bewegungsfreiheit und Schlagkräftigkeit; die ›Neuerungen‹ in diesem ›feudalistischen Kriegsspiel‹ haben hier auch ›gesellschaftliche‹ Symbolik (stammen aber schon aus der 1. Hälfte des 16. Jhs.). – *Lorenzo di Medici:* (1469–1492) Lorenzo I., der Prächtige, Stadtherr von Florenz, Kunstförderer und Dichter; unter ihm erreichte Florenz den Höhepunkt geistiger Blüte

S. 66 *Barberini:* römisches Adelsgeschlecht, aus welchem Papst Urban VIII. (1623–44) stammt, der es in den Fürstenstand erhob; seit 1624 wurde der *Palazzo Barberini* von Bernini und anderen Künstlern im Barockstil erbaut; seit 1949 Staatsbesitz (Nationalgalerie); über Barberinis ›Liebe zur Kunst‹ vgl. S. 105–106. – *Die Sonne . . . zurück:* vgl. Prediger 1,5: »Die Sonne geht auf und geht unter und läuft an ihren Ort, dass sie dort wieder aufgehe.« – *Wer aber das Korn . . . fluchen:* vgl. Sprüche 11,26: »Wer Korn zurückhält, dem fluchen die Leute«. – *Der Weise . . . Wissen:* vgl. Sprüche 12,23: »Ein verständiger Mann trägt seine Klugheit nicht zur Schau«.

S. 67 *Wo da . . . Ochsen:* vgl. Sprüche 14,4: »Wo keine Rinder sind, da ist die Krippe leer; aber die Kraft des Ochsen bringt reichen Ertrag«. – *Der seine Vernunft . . . Stadt nimmt:* vgl. Sprüche 16,32: »Ein Geduldiger ist besser als ein Starker und wer sich selbst beherrscht, besser als einer, der Städte gewinnt«. – *Des Geist . . . Gebeine:* vgl. Sprüche 17,22: »Ein betrübtes Gemüt lässt das Gebein verdorren«. – *Schreiet die Wahrheit nicht laut:* vgl. Sprüche 8,1: »Ruft nicht die Weisheit und lässt nicht die Klugheit sich hören?« – *Kann man den Fuß . . . verbrennt nicht:* vgl. Sprüche 6,28: »Oder könnte jemand auf Kohlen gehen, ohne dass seine Füße verbrannt würden?« – *Zwei Knäblein:* Romulus und Remus. – *in Kreisen oder Ellipsen:* Nach Kopernikus verlaufen die Planetenbahnen kreisförmig, nach Kepler elliptisch.

S. 70 *geliebte Tochter der Kirche:* Nach mittelalterlicher Scholastik ist die Wissenschaft Magd der Kirche. – *Wenn es keinen Gott . . . erfinden:* Voltaires Ausspruch (1769) wurde zum geflügelten Wort.

S. 74 *Dekret:* die am 5. März 1616 veröffentlichte Verfügung, dass die Lehre des Kopernikus nur noch hypothetisch behandelt werden darf

S. 76 *Welttheater:* Vorstellung vom gottgelenkten *theatrum mundi*, in dem jeder Mensch die ihm zuerteilte Rolle spielt. – *Soutane (Sutane):* der enge, unter den liturgischen Gewändern getragene, meist gegürtete Talar der katholischen Geistlichen

S. 77 *Seid fruchtbar und mehret euch:* vgl. 1. Mose 1,22. – *Cellini:* Benvenuto C. (1500–1571), Goldschmied und Bildhauer, war für die Päpste in Rom, die Medici in Florenz und

König Franz I. in Fontainebleau tätig; schuf reich dekorierte Kunstwerke des ›Manierismus‹

S. 78 *Priap:* Priapus = griech.-röm. Fruchtbarkeitsgott, mit übergroßem Zeugungsglied und oft mit Früchten dargestellt; seine in Gärten aufgestellten hölzernen Bilder wurden gerne mit Aufschriften versehen. – *Esquilinische Gärten:* Esquilin = einer der sieben Hügel Roms

S. 80 *Thronbesteigung eines neuen Papstes:* Barberini wurde 1623 Papst; Galileis Schriften über schwimmende Körper und Sonnenflecken erschienen bereits 1612 bzw. 1613.

S. 82 *Aszendent:* Aufgangspunkt eines Gestirns

S. 83 *Fabrizius:* Johann F. (1587–1615), Astronom und Theologe, entdeckte fast gleichzeitig neben dem Jesuiten Christoph Scheiner und Galilei die Sonnenflecken (zwischen letzteren beiden entstand darüber ein heftiger Prioritätsstreit). – *In Paris und Prag:* Hinweise auf Descartes (Paris) und Kepler (Prag)

S. 85 *Fulganzio:* der Name des kleinen Mönchs, abgeleitet aus lat. fulgere = »blitzen, glänzen, strahlen, sich hervortun«; (ein Fra Fulgenzio Micanzio war mit dem historischen Galilei befreundet). – *Eine Hauptursache . . . Irrtum:* Brecht stützt sich hier stark auf Stellen aus dem *Neuen Organon* des Bacon.

S. 87 *Heilige Vater:* d. h. Papst Gregor XV.

S. 93 *lasst alle Hoffnung fahren:* Anspielung auf Dantes *Inferno*, wo es über den Eingang zur Hölle heißt: »Lasst, die ihr eingeht, alle Hoffnung fahren!«

S. 94 *1632:* In diesem Jahr erschien Galileis *Dialog* in Florenz.

S. 95 *Stadtschöffen:* Ratsherren. – *ordo ordinum:* die Ordnung aller Ordnungen (d. h. die höchste Ordnung). – *regula aeternis:* die ewig gültige Regel. – *creatio dei:* die Schöpfung Gottes

S. 98 *Blache:* auch Blahe, Plache = Plane, Wagendecke, grobe Leinwand

S. 99 *korsische Räuber:* Die Insel Korsika war bekannt als Stützpunkt der Piraterie. – *in deinem Buch:* Galileis *Dialog* war Anlass für erneute Denunziation.

S. 100 *wir von der Manufaktur:* wir aus dem größeren Gewerbe, wir Fabrikanten. – *Kultivator:* landwirtschaftl. Gerät zum Bodenbestellen. – *Geldmärkte:* Handelsbörsen. – *Regelmäßig erscheinende Zeitungen:* Die ersten Zeitungen im heutigen Sinn stammen aus dem frühen 17. Jh., konnten aber lange nur mit behördlichen oder landesfürstlichen Privilegien erscheinen und standen unter strenger Zensur.

S. 101 *die oberitalienischen Städte:* Genua und Venedig, die Hauptstädte der beiden italienischen Republiken

S. 103 *Wie steht es . . . Augen?:* Ein langes Augenleiden führt 1637/38 zu Galileis Erblindung.

S. 106 *spanische Politik:* Beim italienischen Aufstand gegen Spanien, das Gebiete in Italien beanspruchte, stand der Papst auf Seiten der Spanier. – *Zerwürfnis mit dem Kaiser:* Streit mit Ferdinand II. über Machtvorrechte im Herzogtum Mantua. – *Deutschland eine Fleischbank:* Anspielung auf den 30-jährigen Krieg. – *schwach im Fleisch:* vgl. Matthäus 26,41: »Der Geist ist willig; aber das Fleisch ist schwach«.

S. 107 *Versailles . . . Wiener Hof:* Der Gesandte Frankreichs in Rom, Graf Noailles, setzte sich für Galilei ein (der jenem seine *Discorsi* widmete); gute Beziehungen bestanden auch zum Kaiser in Wien.

S. 108 *In seinem Buch streiten . . .:* Im *Dialog* wird das fortschrittliche Denken von Salvati und Sagredo (Schüler und Freund Galileis) vertreten; für die alte Scholastik spricht Simplicio, dessen Name auf einen Kommentator des Aristoteles, aber auch auf ›Einfalt‹ anspielt (was der Papst Galileo verübelte). – *die Instrumente:* die Folterinstrumente

S. 109 *nicht veröffentlichen:* Der *Dialog* wurde kurz nach seiner Veröffentlichung von der Inquisition eingezogen.

S. 110 *im Kerker:* Galilei saß nicht im Kerker sondern stand während des Prozesses unter Hausarrest beim Gesandten von Florenz in Rom. – *hieme et aestate, et prope et procul, usque dum vivam et ultra:* im Winter und im Sommer, nah und fern, solange ich lebe und darüber hinaus

S. 111 *nicht ungesehen machen . . .:* Abwandlung des geflügelten Wortes (des römischen Komödiendichters Plautus): »Was geschehen ist, kann man nicht ungeschehen machen«.

S. 112 *Ich Kleingläubiger!:* vgl. Matthäus 6,30: »o ihr Kleingläubigen«

S. 114 *Vorlesung vor dem Vorhang:* eine Textstelle aus Galileis *Discorsi*

S. 115 *Landhaus . . . Florenz:* Im Dorf Arcetri lebt Galilei bis zu seinem Tod unter strenger Aufsicht der Inquisition.

S. 116 *Thymian* (auch *Quendel*): strauchartige Blütenpflanze, als Tee, Heilmittel, Duftstoff für Bäder und Gewürz verwendet

S. 117 *Wohltätigkeit versaget niemals:* vgl. 2 Korinther 1,15: »dass ihr abermals eine Wohltat empfindet«. – *Wenn ich schwach bin . . .:* vgl. 1. Korinther 4,10: »wir schwach, ihr aber stark«. – *Paulus an die Epheser III, 19:* Seit jeher bekämpfte Brecht ein von den Aposteln verfälschtes Christentum und sah in Paulus, dem Lieblingsapostel des Luthertums, den größten Fälscher; noch bei den Bühnenproben 1956 nannte er die Epheser-Briefe »Schwachsinn« und »Schundroman«. – *unnachahmbare Imitatio:* verfremdende, hier ironische Anspielung auf *De imitatione Christi (Nachfolge Christi),* Hauptwerk des Mystikers Thomas von Kempen (1379–1471), wurde nach der Bibel das weit verbreitetste Buch der Weltliteratur

S. 119 *Hydraulik:* Lehre vom Verhalten strömender Flüssigkeiten in Röhren, Kanälen, Flüssen. – *Descartes:* René D. (1596–1650), Philosoph und Mathematiker, ließ aus Furcht vor der Inquisition (Verurteilung Galileis) seine Schriften zuerst anonym erscheinen; das unvollendete Werk *Le Monde* zog er völlig zurück

S. 120 *Man gestattet nicht dem Ochsen, was Jupiter sich nicht gestattet:* Anspielung auf das lateinische Sprichwort ›Quod licet Jovi, non licet bovi‹ (= Was dem Jupiter erlaubt ist, ist nicht dem Ochsen erlaubt‹)

S. 121 *pochend auf sein Pfund Fleisch:* Anspielung auf Shakespeares Komödie *Der Kaufmann von Venedig,* wo der auf sein ›Recht‹ pochende Jude Shylock ein Pfund Fleisch aus dem Körper seines Schuldners Antonio schneiden will. – *»Wenn dich dein Auge ärgert, reiß es aus.«:* biblisches Sprichwort als Warnung gegen Versuchungen und Ärgernisse, vgl. Matthäus 5,29; 18,9; Markus 9,7

S. 122 *Mein Vorsatz . . .:* eine Stelle aus den *Discorsi*. – *Neue Wissenschaft, neue Ethik:* Etliche der folgenden Argumente über den Zusammenhang zwischen Wissenschaft und Gesellschaft beziehen sich auf Bacons *Neues Organon*.

S. 124 *die Große Babylonische:* die große babylonische Hure (eigentlich Astarte oder Istar, die babylonische Fruchtbarkeits- und Kriegsgöttin); biblisch bedeutet Hurerei: Abgötterei; Babylon: das widergöttliche Weltreich; hier: Sinnbild geistiger Prostitution. – *in einem perlmutternen Dunst:* Verschwommenheit des Perlmutterglanzes. – *Machinationen:* Machenschaften, Ränke, Vortäuschungen

S. 126 *hippokratischer Eid:* Hippokrates (um 460–377 v. Chr.) Arzt, vereinte wissenschaftliches Denken, ärztliche Kunst, Beobachtungsgabe, Erfahrung, Kritik und hohes ärztlich-menschliches Ethos (Hippokratismus); der ›Eid des Hippokrates‹ ist noch heute für den Arzt gültig

S. 127 *Gib Acht auf dich, wenn du durch Deutschland kommst...* in der 1. Fassung direkte Anspielung auf Hitler-Deutschland

S. 128 *Feuerfall . . . verzehre noch uns all:* atomare Vernichtung als Apokalypse, vgl. Offenbarung 20,9: »Und es fiel Feuer vom Himmel und verzehrte sie«.

4 Textanalyse (Szenen 1–15 der 3. Fassung)

1

Schon die breit angelegte Eingangsszene führt uns Hauptmotive, Konflikte und Widersprüche des Stücks vor: Ein großer Wissenschaftler in kleinen Verhältnissen verkündet in seinem ärmlichen Studierzimmer einen Reichtum an revolutionären Gedanken. Die Impulse für seine schöpferische Begeisterung sind Lebenshunger und Wissensdurst, Sinnlichkeit und Denkfreude (Milch und Buch – das Oberkörper-Waschen – fröhliches Räsonieren). »Galilei müsste aufhören zu denken, wenn Andrea ihm nicht mehr den Rücken reibt.« (Mat. I, 31; II, 67) Gefühl der Lebenslust, Zweifel am Alten und Glauben ans Neue nähren seinen Fortschrittsoptimismus (neuer Morgen – Neubeginn – neue Zeit). Teil seines sinnlichen Denkens ist das sinnfällige Experimentieren und Demonstrieren vermittels konkreter Beispiele: Freude am Lernen ist zugleich Freude am Lehren – und so zeigt Galilei seinem Schüler Andrea anhand des ptolemäischen Astrolabs die Enge der alten, starren, geozentrischen Vorstellungen, erklärt ihm anhand des Stuhls (auf dem er Andrea herumträgt) und des Apfels mit dem Holzsplitter die ›befreienden‹ neuen Beweglichkeiten des heliozentrischen kopernikanischen Systems.
Die sozialen Aspekte der neuen Denkweise treten mehrfach hervor. Einerseits ist die geistige Produktion vom Wohlbefinden des vitalen Einzelnen in der Gesellschaft abhängig; andrerseits haben die neuen Gedanken revolutionierende Konsequenzen für die Menschheit. Galilei verbindet das neue Wissen mit neuen Gesellschaftsauffassungen (»da es so ist, bleibt es nicht so«). Das wissenschaftliche Kausaldenken umschließt das soziale Kausaldenken: Die »große Lust« der Menschheit, »die Ursachen aller Dinge zu erforschen«, wird nicht nur zu arbeitserleichternden Werkzeugen, Maschinen und praktischen Vorrichtungen führen, sondern auch Auskunft über »ihre Wohnstätte« (d. h. Lebensbedingungen auf Erden) geben. Nicht nur in die Astronomie, sondern auch in die Gesellschaft kommt große Bewegung. Die Hierarchie von »Papst, Kardinäle, Fürsten, Gelehrte, Kapitäne, Kaufleute, Fischweiber und Schulkinder« wird umgekehrt: »Und die Erde rollt fröhlich um die Sonne und die Fischweiber, Kaufleute, Fürsten und die Kardinäle und sogar der Papst rollen mit.« Die Revolution in der Astronomie kann zur Revolution in der Gesellschaft werden: »Sodass jetzt jeder als Mittelpunkt angesehen wird und keiner« (d. h. Gleichheit statt Hierarchie).
Aber innerhalb dieser gegenseitigen Abhängigkeit von Individuum und Gesellschaft zieht Galilei zunächst den Kürzeren: Seine weltumwälzenden Ideen, die Hypothese bleiben, solange sie unbewiesen sind, die aber trotzdem schon »die geistlichen Herren« gegen sein »unheiliges Zeug« in Harnisch bringen, zahlen ihm (wie die praktisch-nüchterne Haushälterin Sarti betont) noch nicht die Milchrechnung, geschweige denn seine alten Schulden. An der Universität Padua wird Galilei als billige Lehrkraft ausgebeutet, da, wie der blasierte Kurator Priuli doziert, Mathematik »eine brotlose Kunst« sei gegenüber der ›nötigen‹ Philosophie (Aristotelismus) und ›nützlichen‹ Theologie (Kirchenväter) – wodurch den Herrschenden ihr altes System

erhalten bleibt. Galileis Gesuch um Gehaltserhöhung von 500 auf 1000 Skudi (zum Zweck freier Forschung und Beweisführung) wird von Priuli abgewiesen, der – teils naiv, teils überheblich-zynisch – auf den ideellen Wert der Forschungsfreiheit (d. h. Schutz vor der Inquisition) in der Republik Venedig verweist. Nach dem kommerziellen Grundsatz »Skudi wert ist nur was Skudi bringt« macht der ›Frei‹-Staat sich zwar des Forschers praktische Erfindungen zu eigenen Geschäfts- und Kriegszwecken zunutze (Zinseszinsen eines Kapitals, Kanonenkugeln), gestattet ihm aber nicht, »den weiterführenden Spekulationen nachzugehen« (d. h. der Verwertung bewiesener Forschungsergebnisse für die gesamte Menschheit). Dieser Konflikt führt ins Zentrum des Problems: Wie verhält sich der Wissenschaftler im Dienst der Obrigkeit? (»Ich verstehe: freier Handel, freie Forschung. Freier Handel mit der Forschung, wie?« Und später: »Ihr verbindet dem Ochsen, der da drischt, das Maul.«)
Um sich den nötigen Lebensunterhalt zu beschaffen, wird Galilei also gezwungen, wohlhabenden aber desinteressierten Schülern wie Ludovico Marsili zeitraubenden und unproduktiven Privatunterricht traditionell-abstrakter Art zu geben, statt den viel versprechenden Andrea, der auch Physiker werden will, kostenlos an der Verwirklichung des neuen Weltbilds mitarbeiten zu lassen. Doch bringen selbst Zwangslagen neue Möglichkeiten: Galilei geniert sich nicht, Ludovicos Bericht über das »komische Rohr, das sie in Amsterdam verkaufen«, schleunigst für seine Zwecke zu nutzen, vom Kurator einen halben Skudo zu pumpen, Andrea seinen Rock versetzen zu lassen – um das nachgebaute Teleskop (welches auf mehr als eine Weise das Entfernte näher bringt), für 500 Skudi Gehaltszulage an die Signoria zu verkaufen.
Unter den zahlreichen Widersprüchen menschlichen Verhaltens aufgrund der Dialektik Idealismus – Materialismus ist besonders Galileis veränderte Haltung zur Verbreitung seiner Wissenschaft hervorzuheben: Glaubte er zuvor, seine Entdeckungen »nicht länger der Welt geheim halten« zu können, so scheint ihm der Anbruch einer lustvollen neuen Zeit nach dem Gespräch mit Priuli gefährdet (materielle Beschränkung, kompromittierte Gedankenfreiheit, Bedrohung durch die Kirche, Verbrennung Giordano Brunos): Aus Furcht oder Klugheit rät er nunmehr Andrea: »sprich nicht zu andern Leuten von unsern Ideen«. Selbst wenn er die Durchsetzung seiner Ideen erst von empirischer Beweisführung abhängig macht, bereitet er doch zugleich durch die Auslieferung (eines Teils) seiner Entdeckungen an die Herrschenden eine Trennung von Forschungsresultat und Forscherverantwortung vor.

2

Die zweite Szene hat vor allem die Funktion, den mehrfachen Nutzen des Teleskops zu zeigen, und damit auch: die gesellschaftlichen Verhältnisse weiter zu analysieren. Einerseits überreicht Galilei der Republik Venedig ›seine‹ neue Erfindung und erhält dafür 500 Skudi Gehaltserhöhung; trotzdem bleibt er, der die holländische Entdeckung ausbeutet, selber der Ausgebeutete: Zwar wird er seinen »Fleischer bezahlen können«, aber die Vermarktung des neuen Instruments (wie seiner früheren praktischen Erfindungen, die er nur »Schnickschnack« nannte) wird den Ratsherren und dem Dogen (d. h. den Herrschenden) weitaus größeren materiellen Vorteil einbringen, wie es ja auch ihr gestaffelter Applaus beweist: Ruhm zählt ihnen wenig, Verkaufsgeschäft viel, Kriegsgeschäft am meisten. Gesellschaftlich würde sich damit also wenig ändern. Andrerseits ist das Teleskop aber kein einträglicher »Schnickschnack«, sondern möglicherweise ein sensationelles Mittel zur Weltveränderung: Galilei hat es auf die Sterne gerichtet, neue Entdeckungen gemacht und denkt – ungeachtet der Warnung Sagredos oder der eben ergatterten 500 Skudi – an die Beweisbarkeit seiner Ideen: »Ich frage mich sogar, ob ich mit dem Ding nicht eine gewisse Lehre nachweisen kann.«

Die Ambivalenz des Teleskops als Ware in einer unveränderten Welt bzw. als Produktionsmittel für eine neue Welt hat Brecht auch dramaturgisch durch die Doppelschichtigkeit dieser Szene hervorgehoben, welche ja eigentlich zwei parallele und komplementäre ›Handlungen‹ hat, die aber untrennbar miteinander verbunden sind und sich gegenseitig durchbrechen bzw. profilieren. So versteht sich der Wechsel von Galileis lauter, routinierter, unterwürfiger Rhetorik im Stil der offiziellen Zeremonie (die er »Karneval« nennt) – und dem leisen, aufgeregten, überwältigenden Inhalt andeutenden Wortaustausch mit seinem Freund Sagredo. Ebenso ist das Wechselspiel zwischen genüsslich-kulinarischem und wissenschaftlichem Gebrauch des Teleskops zu verstehen, wenn die Ratsherren Befestigungsanlagen, Bratfisch und nackte Frauenzimmer erspähen (was uns immerhin einen näheren Blick auf diese Gesellschaft erlaubt), Galilei aber, durch Neuentdeckungen auf dem seit tausend Jahren stehen gebliebenen Gebiet der Astronomie, wissenschaftliche Fortschritte erblickt, wobei in dem Wissen über die »Milchstraße« zugleich schon eine sozialökonomische Bedeutung mitklingt.

Die »Wahrheit übers Teleskop« also, worüber die Zuschauer »nicht grimm« sein sollen, beschränkt sich wohl kaum auf Galileis niedere Handlungsweise, sein lügnerisches Plagiat und seine schamlose Unterwürfigkeit: Solche ›moralische‹ Verurteilung kommt meist von jenen, die sich nicht in ähnlichen Situationen befinden oder/und sich selber nicht an die nämliche ›Moral‹ halten. Die im Vorspruch genannte »Wahrheit« bedeutet ebenso die von Galilei gefolgerte »Wahrheit durchs Teleskop«. Insofern täuscht sich Ludovico, wenn er zynisch, aber unwissend meint: »Und ich glaube, ich fange an, etwas von Wissenschaft zu verstehen.«

3

Ludovicos beschränkte Bemerkung über Wissenschaft »gibt das Sprungbrett ab für die folgende dritte Szene der großen Entdeckungen« (Mat. I, 55; II, 92). Die neue ›Wahrheit‹, die unter den Augen der Öffentlichkeit nur kurz, heimlich, fast stichwortartig zwischen Galilei und Sagredo aufleuchtete, wird im privaten Gespräch in Galileis Studierzimmer in belehrender Sokratischer Dialogform ausführlich dargeboten. Die eingehenden Beobachtungen und wissenschaftlichen Erklärungen über die Natur des Monds, die zahllosen Gestirne der Milchstraße und die Bewegung der Jupitertrabanten können nunmehr das kopernikanische System beweisen – eine Folgerung, die Galilei in aufgeregte Bewegung, Sagredo in starren Schrecken versetzt. Grund für die entgegengesetzten Reaktionen sind die revolutionären weltanschaulichen Konsequenzen der Entdeckungen: Glaubt der aufs Neue optimistische Galilei an die verführende Macht der Beweise, an die »sanfte Gewalt der Vernunft über die Menschen«, an das »Denken« als eine der »größten Vergnügungen der menschlichen Rasse«, so zweifelt der Skeptiker Sagredo an der Einsichtigkeit der Menschen, insbesondere an der Aufgeschlossenheit der Kirche. Beide berufen sich auf konkrete Er-

fahrungen: Galilei nennt Beispiele von vernünftigen Handlungsweisen aus dem Alltagsleben des Volks; in Frau Sartis Begreifen der gesellschaftlichen Verhältnisse zwischen Klein und Groß sieht er eine triftige Analogie zu den Bewegungsgesetzen der Himmelsgestirne und ist überzeugt, dass solche Leute nach der Wahrheit schnappen. Sagredo nennt die von Galilei gepriesene praktische Vernunft der Menschen nur »erbärmliche Schlauheit« und verweist auf Angst und Aberglauben des Volks, auf den von der Kirche verbrannten Giordano Bruno, der wie Galilei gesagt hatte: Gott könne nicht im Himmel, sondern nur »In uns oder nirgends!« sein.
Eine komische, gesellschaftlich lehrreiche Unterbrechung des großen, feierlichen, historischen Moments verursacht das Hereinstürzen des Kurators, der aufgebracht etwas ganz anderes unglaublich findet: Galileis schamloses Täuschungsmanöver. An allen Straßenecken werden billige Fernrohre aus Holland feilgeboten. Galileis Plagiat, für das er eine Gehaltsverdoppelung bekam, kann also nicht das erhoffte lukrative Geschäft für Venedig werden. Wenn Galilei schallend lacht, so kaum deshalb, weil er seine 500 Skudi im Trockenen hat (wie Priuli meint), sondern eher, weil auch er, ähnlich einem »gewöhnlichen Straßenhändler«, das »Rohr für ein Butterbrot verkauft« hat: Sozial sind sie beide Geprellte, da nimmt sich Priulis ehrbewusstes Gefühl des Geprelltseins lächerlich aus. Trotzdem will Galilei weder die »Filze von der Signoria« noch den Kurator dem öffentlichen Gelächter preisgeben: Da Priuli nicht durch das »Schund«-Rohr sehen will, bietet er ihm statt Wissen materiellen Profit: neue Sternkarten für die Schifffahrt. Doch der Kurator, der in der 1. Szene die ausbeuterische Geschäftswelt so einsichtig geschildert hat, schlägt nun im ›moralischen‹ Ekel vor der Welt (d. h. vor Galileis ›Unmoral‹) die Tür hinter sich zu. Galilei meint ironisch treffend: »eine Welt, in der man nicht Geschäfte machen kann, ekelt ihn an!«
Galilei wiederum »verachte[t] Leute, deren Gehirn nicht fähig ist, ihren Magen zu füllen«. Auch er denkt ans Geld: Man hat ihn als Lehrkraft und Lieferanten praktischer Erfindungen geringer bezahlt als einen Kutscher; er hat Schulden; seine Tochter Virginia braucht eine Aussteuer; er kauft gern Bücher und isst gern anständig (»Bei gutem Essen fällt mir am meisten ein«), vor allem braucht er Muße zur Ausarbeitung von Beweisen. Deshalb versucht er die Zeit vergeudende Professur in Padua mit der profitableren und produktiveren Stellung eines Mathematikers am Hof des Großherzogs von Florenz zu vertauschen. Sagredo bangt um Galileis Freiheit und Leben, weil in Florenz die Mönche herrschen – Galilei vertraut kühn darauf, auch die Mönche durch Beweise überzeugen zu können.
Die Widersprüche häufen sich: »Ein verrottetes Zeitalter!« muss der Verkünder der neuen Zeit feststellen. Mutig baut er auf die Beweise und bewirbt sich bei Hof – in untertänigster Form, »auf dem Bauch kriechend.« Die von ihm geschickt so benannten »Mediceischen Gestirne« sind einerseits »kleine trübe Fleckchen«, werden andrerseits diplomatisch-servil zur himmlischen Leuchte des Zeitalters verherrlicht. Die ganze Welt soll seine Erkenntnisse teilen – doch Virginia lässt er nicht durchs Fernrohr blicken und schickt sie in die Messe. Er vertraut auf die Vernunft der Menschen, obwohl der Kurator nicht durchs Teleskop sehen will. Seinem zweifelnden Blick in der Wissenschaft widerspricht seine Leichtgläubigkeit bezüglich menschlicher Natur, bemerkt Sagredo; doch ist es der vorsichtige Skeptiker Sagredo, der als Erster den Kurator von den »umwälzende[n] Entdeckungen die Gestirnwelt [und die Philosophie] betreffend« überzeugen will. Brecht selbst spricht vom »Wunsch« als »Vater des Gedankens«, wenn er die widerspruchsvolle Persönlichkeit des Galilei in die-

ser Szene kommentiert (Mat. I, 56f.; II, 93), wobei offen bleibt, wie weit die »Verfürungskraft der Beweise« Galileis feste Überzeugung oder aber seine Wunschvorstellung ist bzw. wie weit der Wunsch nach Befriedigung seiner physischen und geistigen Bedürfnisse Galileis Glauben an die Vernunft beeinflusst.

4

Die 4. Szene zeigt, dass das Wunschdenken Galileis weit davon entfernt ist, am Hof der Medici erfüllt zu werden. Die Vertauschung der geschäftstüchtigen Republik Venedig mit der altmodischen Feudalwelt und der bornierten Gelehrtenwelt von Florenz ist eher ein Rückschlag: Frau Sarti kann immer noch nicht den Milchmann bezahlen; mehr denn je geht es in Galileis Studierzimmer zu »wie in einem Taubenschlag«; nach wie vor hat Galilei an der Universität zu tun, da der Hof sich nach der Meinung der Universität richtet; immer noch muss Galilei das kopernikanische System verheimlichen (das verstohlene Beiseiteräumen des Modells); aber das Schlimmste ist, dass die sich auf einen »Disput« versteifenden Gelehrten Galileis Fakten gegenüber die Augen verschließen und nicht einmal durchs Fernrohr sehen wollen, da vom alten (»göttlichen«) aristotelischen Standpunkt aus (der ja auch der Standpunkt der Hohen Kirchenväter ist) neue Planeten weder möglich noch nötig noch ratsam sind. Ja, da sich Galileis ›Plagiat‹ des Teleskops herumgesprochen hat, bezichtigt man ihn nun auch des wissenschaftlichen Betrugs. Die Begegnung illustriert weder »die sanfte Gewalt der Vernunft über die Menschen« noch Galileis früheren Ausspruch »Ich werde sie bei den Köpfen nehmen und sie zwingen, durch dieses Rohr zu schauen«, sondern sie endet im offenen Konflikt.
Doch der Konflikt wurde schon zu Beginn der Szene in der vorspielartigen Rauferei zwischen dem jungen Großherzog Cosmo und Andrea präfiguriert. Die Episode hat auffallende emblematische Symbolik: Cosmo, Vertreter des Feudalismus, hält das alte ptolemäische Modell – Andrea, angehender Wissenschaftler aus ärmlichen Verhältnissen, hält das neue kopernikanische Modell. Bei der Rauferei, einer Art Klassenkampf en miniature (»kugeln,« »drehen« im Doppelsinn von ›Revolution‹) geht das alte Modell entzwei, Cosmo liegt unten, der »Rotkopf« (›Roter‹) obenauf, der Proletarier und damit das neue System hat gewonnen. So weit die marxistische Wunschvorstellung bzw. Prognose.
Im Gegensatz dazu Galileis vorläufige Niederlage. Doch hat der Kampf ja gerade erst begonnen und Galilei ist gegen die überwältigende Dummheit der Gelehrten und des Hofgefolges nicht ohne Bundesgenossen. Der Linsenschleifer Federzoni, sein Schüler und Kollege, dessentwegen Galilei den »Disput« in der Umgangssprache statt auf Latein führen lässt, zeichnet sich gegenüber den pompösen Rhetorikern und den naiven Hofdamen durch treffenden Witz (Sterne auf Linse; Stier) und scharfes Denken aus (»Dann her mit neuen Schulbüchern« und »Ihr als Lehrer solltet das Erschüttern [der alten Lehren] besorgen«). Federzoni ist Vertreter der Handwerker aus dem Volk und es ist das neugierige Volk, das der erzürnte Galilei im Disput um die »Wahrheit« als Verbündeten gegen das Alte auf den Plan ruft: den aufmerksamen Mann auf der Straße, einfallsreiche Zeichner, Bauleute und Instrumentenmacher aus dem Arsenal, unternehmungslustige Seeleute aus den Schiffswerften. Diese Konfrontierung mit dem aufhorchenden Volk hat für den erregten Philosophen, welcher fürchtet, dass »die Wahrheit [. . .] zu allem Möglichen führen« kann, etwas Bedrohli-

ches und der Hof verlässt fast fluchtartig die Kampfarena (Galileis Studierzimmer). Galileis Niederlage in dieser Szene – er ist fassungslos – bedeutet also keinen Sieg sondern einen Rückzug der Gegenpartei – zum »Hofball«, wo die Adeligen und die Aristoteliker sich nach dem alten System (Gesetze) weiter drehen, während Galileis »Behauptungen« über das neue System in höherer Instanz vom »Päpstlichen Collegium in Rom« überprüft werden sollen.
Wieder fallen Widersprüche in Galileis Verhalten auf: Es mutet Frau Sarti seltsam an, dass Galilei (der doch selber beim Essen am besten denken kann) den Herren nicht zuerst »ein gutes Abendessen« vorsetzt, »bevor sie über sein Rohr gehen«. Auffällig ist aber auch der Wechsel von Autorität und Servilität seitens Galileis. Wenn er, nach anfänglichem Appell an die Vernunft *»fast unterwürfig* [. . .] in aller Demut« bittet, um schließlich zum drohenden Angriff überzugehen – warum läuft er dann am Ende noch bettelnd hinter den sich zurückziehenden »Herren« her? Am meisten provoziert den Leser wohl Galileis Satz: »Ich würde meinen, als Wissenschaftler haben wir uns nicht zu fragen, wohin die Wahrheit uns führen mag.« Das kann nach taktischer Finte, nach ›reiner Wissenschaft‹, nach Verantwortungslosigkeit klingen, gesprochen von einem Mann, der sich der sozialen Konsequenzen des neuen Systems durchaus bewusst ist und der seinen Ausspruch durch Beispiele aus dem Volk stützt, dessen furchtlose Neugier und Neuerungen ebenfalls das »Wohin?«, das Ziel, nicht absehen. Indem Galilei die Wahrheit als das »Kind der Zeit, nicht der Autorität« proklamiert, scheint er ihr, seinem Ausspruch und dem wahrheitssuchenden Volk allein idealistisch-positiven Sinn zu geben – oder?

5

Die Pestszene, obgleich in der amerikanischen Version ausgelassen, ist motivlich mit vorausgehenden und folgenden Szenen eng verbunden und profiliert die Problematik des Werks durch aufschlussreiche Kontraste. Das Thema »Pest« hat für Brecht einen weiten Assoziationskreis im Geistigen und Physischen: Enge, Krankheit, Aberglauben, das Alte, Seuche, Panik, Chaos, Krieg, Tod – doch sind die Einstellungen seiner Figuren sehr verschieden. »Die Städte sind eng und so sind die Köpfe. Aberglauben und Pest«, sagte der neuerungsfrohe Galilei in Szene 1 und in Szene 4 folgt der mehrdeutige Beweis: Die Pestfälle in der »Altstadt« (Cosmos »alter« Hoflehrer scheint auch von ihr befallen) werden von den Lakaien des »alten« Systems (auch der Medizinischen Fakultät) als »in schönster Ordnung« befunden, d. h. verheimlicht, weil diesem verseuchten System die Panik des Volks schlimmer ist als die eigentliche Krankheit. Der das Alte und den Aberglauben bekämpfende Galilei lacht schallend über den Versuch, »mit Geräuschen die Wolken zu vertreiben, in denen die Pestkeime sind«; aber für die ans Alte Glaubenden ist ja seine neue Wissenschaft Häresie, Seuche, ansteckende Krankheit, Rebellion, Gefahr. So scheint der Satz der tödlich erschreckten, sich bekreuzigenden Nonne: »Das ist die Gasse!« (aus der Galilei kommt), der Schrei der hysterischen Frau: »Bei denen da drüben ist die Pest!« und das panische Wegrennen vor dem Wissenschaftler einen kuriosen Doppelsinn zu vermitteln.
»Uneingeschüchtert auch durch die Pest setzt Galilei seine Forschung fort«, heißt der Titel dieser Szene, aber jedes Ding hat zwei Seiten: Mut kann auch Rücksichtslosigkeit bedeuten. Wieder kommt Galilei in einen Zwist, der durch Zweiteilung der

Szene (a und b) hervorgehoben wird: In der ersten Episode (Studierzimmer) liegt der Akzent wieder mehr auf dem Ideellen, d. h. Galileis Wunsch, die durch die großherzogliche Kalesche gebotene Möglichkeit auf Sicherheit für sich und die seinen zu nutzen, ohne seine Bücher und Aufzeichnungen aufgeben zu müssen. Da ihm die Einheit von physischen und geistigen Bedürfnissen (symbolisch: das ins Tischtuch gepackte Fernrohr) durch hastige Flucht nicht erhalten würde, bleibt auch Frau Sarti zurück, um ihm das Essen hinzustellen, während er weiter seine Beweise sammelt. In der zweiten Episode (vor Galileis Haus) folgt die realistische Antithese: Galilei verliert seine selbstaufopfernde Haushälterin, es fehlt ihm Milch und Brot, die Arbeit stockt auch aus Mangel an einem Buch, das er verlegt hat. Doch wie zuvor enthält die negative Situation noch den Keim zum Positiven: vermummte Männer reichen Brot durch die Fenster; die selbstlose alte Frau stellt dem hilflosen Galilei einen Krug Milch vor die Tür und der zurückgekehrte Andrea beschafft das benötigte astronomische Buch.

Die aufgezeigten Kontraste (Gefahr/Sicherheit, Unordnung/Ordnung, Aberglaube/Wissen, Wahnsinn/Vernunft, Verlust/Gewinn, Hilflosigkeit/Hilfe) sind also nicht in sich absolut oder ›einseitig‹ feststellbar, sondern widersprüchlich, ›beidseitig‹ und jeweils dialektisch aufeinander bezogen. Galilei nennt die Flucht der anderen vernünftig, Frau Sartis Rückkehr wahnsinnig – diese nennt sein Zurückbleiben wahnsinnig, seine Ausflüchte (bzw. Gründe) nicht vernünftig. Galilei sieht sich von dem durch die Seuche herbeigeführten Chaos bedroht – ist es aber auch durch eigene, aus Wissenssucht verursachte Unordnung. Weder ist das desorganisierte Regierungssystem, das er pauschal verurteilt, so radikal, wie er denkt – noch ist das Volk, dessen Aberglauben und Furcht er verspottet, so wenig hilfsbereit, wie er fürchtet. Der Helfende braucht Hilfe und die Hilflosen helfen. ›Dreht sich‹ die Haushälterin Frau Sarti nun nicht mehr um Galilei, so hat er jetzt immerhin die Beweise, dass die Venus sich um die Sonne dreht. (Jedoch: Frau Sarti erscheint in Szene 9 wieder, Galileis Beweise werden in Rom wieder ›verschwinden‹.) Die Pestszene illustriert das Hauptthema des Stücks, indem sie nicht nur zeigt, wie Chaos Wahrheit gefährdet, sondern auch, wie Wahrheit Chaos überlebt.

6

Die 6. Szene, Bestätigung von Galileis Entdeckungen durch das Forschungsinstitut des Vatikans, wurde schon in der 4. und 5. Szene angekündigt und scheint eine Wende herbeizuführen. Wieder ›produziert‹ sich das Ereignis aus zwei aufeinander bezogenen Geschehen: Während Clavius hinter geschlossenen Türen Galileis Enthüllungen überprüft, enthüllen im Saal des Collegium Romanum die gegen Galilei agitierenden Geistlichen und Gelehrten sich selbst unserem prüfenden Blick. Die zwiefältige Beweisaufnahme liefert auf der einen Seite die astronomische Wahrheit (»Es stimmt«), auf der anderen die Demaskierung der menschlichen Unwahrheiten – denn da ist viel was ›nicht stimmt‹: das Gelächter der Schadenfreude statt der Freude; Dummheit statt Vernunft; eine karnevalistische (d. h. zirkushafte) Geistlichkeit (bzw. Geistigkeit); Schwindel, Fanatismus, Unbelehrbarkeit; und dann das höchst unchristlich anmutende Christentum des sehr ›alten‹ Kardinals (der bezeichnenderweise nicht mehr allzu gut sieht): Für ihn ist die Erde Mittelpunkt des Weltalls und daher auch der Mensch Mittel-,

Ziel- und Höhepunkt des Universums. Geozentrismus bedeutet ihm nichts anderes als Egozentrismus. »Ich . . . Ich . . . Ich« heißt es bei ihm, dessen Gottesbegriff ebenfalls egozentrisch ist, denn in seiner Selbstaffirmation, ja: Selbstdeifikation (»Ich« als »Ebenbild Gottes«) ist keine Rede von gottbezogener Frömmigkeit, sondern nur von einer göttlichen Menschenbezogenheit, ist doch der Mensch eine »Anstrengung« Gottes, dessen Auge auf ihm, dem Menschen, allein ruht und der die Sonne geschaffen hat, um ihn, den Menschen, zu beleuchten und ihn zu sehen. War da Galileis Gottesbegriff: »In uns oder nirgends« nicht menschenwürdiger?

Der Witz an diesen Enthüllungen ist die unfreiwillige Selbstironie ihrer Demonstranten. Die sich so lustig machen, machen sich lächerlich. Die sich über die Störung ihres Systems entrüsten, sind ungerüstet, es glaubhaft zu erhalten. Wenn Mönche und Gelehrte Komödie spielen, so tun, als ob sie durch die neuartigen Bewegungen schwanken und abrutschen – so verlieren sie tatsächlich ihren Halt angesichts des Schiedsspruchs (*Totenstille* [...] *alle verlassen verstört den Saal*); die als »Skandal« verschrieene Untersuchung wirkt wie ein Bumerang; der erste Astronom betreibt Ausverkauf der Wissenschaft, wenn er sagt: »Es *gibt* Erscheinungen, die uns Astronomen Schwierigkeiten bereiten, aber muss der Mensch alles verstehen?«; der sehr dünne Mönch sagt unfreiwillig die Wahrheit mit dem, was er als Lüge verurteilt; der sehr alte Kardinal nennt den Menschen ein Wunderwerk – man muss sich wahrlich über ihn wundern; er traut Gott nicht zu, seinen Sohn auf ein »kleines, abseitiges [. . .] Gestirnlein« zu schicken (das wäre Mangel an Stolz) – ein wahrlich engstirniges Gottvertrauen eines selbstgefälligen Menschen. Wenn dieser gottgleiche Mensch, der sich »in sicherem Schritt« an seinem eigenen Stolz emporsteigert, plötzlich zusammensinkt und der um des Kardinals Gesundheit besorgte Mönch sagt: »Eure Eminenz haben sich zu viel zugemutet!«, so trifft das auch theologisch ins Schwarze. Das *»Es ist Nacht«* der Szenenanweisung hat somit ebenfalls seinen Doppelsinn: Dem Clavius zeigt die dunkle Nacht die leuchtende Natur der Himmelstrabanten, dem Zuschauer zeigen sich die beleuchteten Kirchentrabanten von ihrer dunklen (umnachteten) Seite – es scheint ›Nacht‹ für sie zu werden.

Aber wie in den vorausgehenden Szenen die ›Niederlagen‹ Galileis nie absolut zu nehmen waren, sondern doch immer auch Beistand und neues Fortschreiten beinhalteten, so wird in dieser Szene der »Sieg« Galileis (den er nicht ›seinen‹ Sieg, sondern den Sieg der Vernunft nennt) durch das ominöse Erscheinen des Kardinal Inquisitor verdüstert, welches Widerstand und Rückschritt vermuten lässt.

7

Die 7. Szene, ein großes Fest der großen Familien Italiens im Haus des Kardinals Bellarmin in Rom, setzt die karnevalistische Maskerade des theologischen Gesellschafts-Spiels verstärkt und bedrohlich fort. Obwohl Galilei Anlass hat, sich im Ruhm seiner (d. h. der Vernunft) Erfolge zu sonnen – was ihn ermutigt, den Schach spielenden Sekretären (die sich später als Geheimpolizisten entpuppen) statt kleiner »Sprünge« Bewegungen »auf großem Fuß« zu raten –, versuchen die Kardinäle Bellarmin und Barberini hinter friedfertigen Lamm- und Taubenmasken Galilei zu überreden, ihr Spiel der Täuschung mitzumachen. Nach anspielungsreichem Geplänkel im Duell der Bibelzitate (z. B. »Der Weise verbirget sein Wissen« usw.) geben sie ihm zu verstehen, dass die Kirche die Verantwortung für den Sinn unbegreiflicher sozialer Missstände des Lebens (die uns angesichts der opulenten Festlichkeiten der höheren Gesellschaft als sehr begreiflich erscheinen müssen) »einem höheren Wesen« zugeschoben hat, dass dieses Manöver aber, welches den Status quo, die Kirche, den gottgeplanten Unterschied zwischen Reich und Arm erhält, durch Galileis Infragestellung des alten göttlichen Plans unweise gefährdet sei. Dieser Versuch der Überredung ist zugleich Versuchung, Verführung, Bestechung, Drohung: Hinter den »Lamm«- und »Tauben«-Masken zeigt sich die »Wölfin« (Rom, die Gesellschaft), der man Tribut zollen muss, dafür aber auch »himmlische und irdische Genüsse« von ihr erlangen kann; außerdem führen die Kardinäle Galilei bewusst aufs Gebiet der Heiligen Schrift, wo nur sie als Theologen zuständig sind.

Entweder sieht Galilei die indirekten Fingerzeige nicht oder er will sie nicht sehen. Er widersteht den Verführungskünsten der Maskierten, spielt ihr Spiel nicht mit, kam selber ohne Maske, »besteht auf einer ernsten Unterhaltung«, besteht weiter auf seinem Glauben an die Vernunft und widersetzt sich nun auch der Trennung von praktischer Ausbeutbarkeit seiner Erkenntnisse (Sternkarten für die Navigation) und seiner Wahrheitslehre als Ganzem (die weit wichtigere gesellschaftliche Folgen als erleichterte Navigation nach sich ziehen kann). Dem verdrehten Vorwurf, er wolle *Gott* Unkenntnis über seine Schöpfung nachweisen (mit Gott meinen die Kardinäle sich, d. h. die Kirche), begegnet Galilei noch mutig und direkt, die Verdrehung durchschauend: »schließlich kann *der Mensch* nicht nur die Bewegungen der Gestirne falsch auffassen, sondern auch die Bibel!« Er sagt dies als »gläubiger Sohn der Kirche«, d. h. er glaubt, dass sich die Bibel in einer Weise interpretieren lässt, die mit den neuen astronomischen Entdeckungen vereinbar ist. Zudem bewies das vorausgehende Zitatenduell ja Widersprüche und verschiedene Ausdeutbarkeit der Bibel. Doch mit dem theologischen Argument überschreitet Galilei die gesteckten Grenzen. Was bis jetzt noch wissenschaftliches Streitgespräch war, wird nun harte Wirklichkeit: Zwang. Was die Versuchung nicht vermochte, gebietet das klerikale Edikt: Galilei soll die ketzerische kopernikanische Lehre aufgeben, d. h. er darf sie im Einvernehmen mit der Kirche nurmehr als Hypothese behandeln; denn, sagt der Theologe zum völlig überwältigten Wissenschaftler: »Wir brauchen Sie mehr als Sie uns.«

Auch hier wieder eine Doppelszene: Neben die Galilei-Episode tritt die Virginia-Episode. Ludovicos Satz »Rom spricht nur von Ihnen. Von heute Abend ab, Herr, wird man von Ihrer Tochter sprechen« trifft insofern zu, als der Kardinal Inquisitor die fromme Virginia nachhaltig ins Gespräch zieht und sie zu einer strategischen Figur im Schachspiel der Kirche gegen Galilei zu machen sucht. Wie die Kardinäle mit Galilei, so treibt auch der Inquisitor mit Virginia ein Doppelspiel, das ebenfalls von Überredung und Bestechung bis zur Drohung reicht. Aus dem Protokoll der Inquisitionsspione (die auch das mitgeschrieben haben, was sie auf Barberinis Geheiß auslassen sollten) rekapituliert und beurteilt der Inquisitor das vorausgegangene Gespräch. Ihm liegt sehr daran, den großen Mann, in dessen ungeheuren »Gestirnswelten« die Kirchenhäupter vom Allmächtigen aus den Augen verloren werden könnten, im Auge zu behalten. Da er voraussieht, dass Galilei seine Tochter brauchen wird, versucht er, das religiöse Mädchen quasi als Wächterin über ihren Vater an sich (die Kirche) zu binden. Also wirbt er schmeichelnd um das »Geschöpf aus Fleisch und Blut«, lässt aber auch inquisitorischen Drang verspüren, wenn er sich so nachdrücklich nach ihrem Beichtvater, Pater Christophorus, erkundigt. Seine schäkernde Bemerkung, dass ihr Verlobter eifersüchtig werden könne, hat ironische Nebenbedeutung: Virginia ist auch ›Verlobte‹ der Kirche, es wird nicht zu einem Bündnis mit Ludovico, sondern nur zu dem mit der Kirche kommen.

8

Die 8. Szene, ein Gespräch zwischen Galilei und dem *»kleinen Mönch* [. . .] *der ihm nach der Sitzung des Collegium Romanum den Ausspruch des päpstlichen Astronomen zugeflüstert hat«,* bietet zwei entgegengesetzte Auslegungen des Dekrets. Der Mönch, selber ein wissbegieriger Mathematiker, betrachtet, nach innerem Kampf, das Dekret als »weise«, da es die »Gefahren«, die »ein allzu hemmungsloses Forschen für die Menschheit in sich birgt«, zu verhüten suche. Als Sohn von armen Bauern weiß er um die Mühsal seiner Eltern, die die Kraft für ihr schweres Leben aus dem Gefühl einer gewissen Ordnung, Notwendigkeit und höheren Sinngebung durch die Religion schöpfen, die sich aber verraten und betrogen fühlen würden, wenn sich ihr Schweiß, ihre Geduld, ihr Hunger und ihre Unterwerfung als unabdingbarer Irrtum und nicht als gottgewolltes Verdienst herausstellen sollte. So sieht der mitfühlende Mönch im Schweige-Dekret edles Mitleid und große Seelengüte, da es den »Seelenfrieden Unglücklicher« gewahre.
Galilei muss erkennen, dass sich diese Haltung der Bevölkerung weitgehend mit der in Szene 7 durch die Kardinäle vertretenen Haltung der Kirche deckt, mit dem großen Unterschied, dass die Kirche dabei weiter im Wohlstand, das Landvolk weiter in Armut bleibt. Er reagiert verbittert und gereizt. Auch er denkt an diese Bauern, auch er meint, dass ihretwegen das Dekret erlassen wurde, aber die Erde solle wohl deshalb im Mittelpunkt des Universums bleiben, damit der Stuhl Petri im Mittelpunkt der Erde bleiben könne. Inmitten eines fruchtbaren Lands erleiden die Campagnabauern Armut, weil sie für die Kriege des Papstes und für die Schweigegeschenke, die die Kirche Galilei zusteckt, bezahlen müssen und weil sie keine modernen Bewässerungsanlagen bekommen. Galilei verurteilt das Ausbeutertum der Kirche, verurteilt aber auch die Tugenden, die ans Elend geknüpft sind, da sie den Ausbeutern nützen. Weder könne die Wissenschaft als halbe Wahrheit betrieben werden noch setze sich die Wahrheit allein, ohne menschliches Bemühen durch. Auch die Campagnabauern sollten endlich »denken lernen« und: »Zum Teufel, ich sehe die göttliche Geduld Ihrer Leute, aber wo ist ihr göttlicher Zorn?«
Nicht nur widersprechen sich diese beiden Argumente, sie sind auch in sich widersprüchlich und fragwürdig: Hat sich der kleine Mönch entschlossen, wegen der Gefahren des allzu hemmungslosen Forschens der Astronomie ganz zu entsagen, so kann er nicht warten, die Erkenntnisse aus Galileis Manuskript über Ebbe und Flut gierig in sich hineinzuschlingen. Und Galileis Erwartung, dass Leute wie des Mönchs alte Eltern, verbraucht, erschöpft und ungelehrt, sich an intellektuellen und sozialen Revolten zu beteiligen hätten, mag zwar seinem ur-

sprünglichen Neuzeits-Optimismus entsprechen (Szene 1: »Selbst die Hundertjährigen lassen sich noch von den Jungen ins Ohr schreien, was Neues entdeckt wurde«), steht aber nicht recht im Einklang mit seinen wiederholten Hinweisen, dass auch die Wissenschaft *allmählich* vorschreitet, dass es viel zu tun geben wird für neue Geschlechter und dass die Aussicht auf künftige Veränderungen vornehmlich von der lernbegierigen jungen Generation ausgehen wird. Auch klingt es fragwürdig, wenn Galilei erwartet, die erschöpften Campagnabauern müssten die gleiche Haltung einnehmen wie er, der unerschöpfte Wissenschaftler. Der Satz »Würde ich mich zum Schweigen bereit finden, wären es zweifellos recht niedrige Beweggründe; Wohlleben, keine Verfolgung« deutet darauf, dass auch sein Forschungstrieb, ähnlich dem des kleinen Mönchs, das kirchliche Dekret über- (bzw. um-)gehen wird, doch scheint er (obgleich das Dekret kein Verbot sondern eine Ermahnung war) sehr lebhaft an Folterinstrumenten und Verbrennung zu denken und fragt sich selbst: »Wie lang werde ich es [sein Wissen] in den Ofen hineinschreien können – das ist die Frage.« Wie die nächste Szene zeigt, schreit er die Wahrheit zunächst einmal acht Jahre lang *nicht* in den Ofen hinein, aus welchen ›Beweggründen‹ auch immer.

9

Die 9. Szene zeigt ein zweifaches ›Doppelspiel‹: Einmal verläuft parallel zur ›Galilei‹-Handlung die ›Virginia‹-Handlung als Kontrast, aber auch in Abhängigkeit von Galileis Verhalten; zum anderen ist Galileis Verhalten doppelbödig – vor unseren Augen experimentiert er mit Eis, insgeheim aber studiert er ein ›heißes Eisen‹: die Sonnenflecken.

Die Parallelhandlung verläuft in deutlichen Gruppierungen: hier Galilei mit seinen »zweifelnden« Schülern Andrea, Federzoni und dem kleinen Mönch, die acht Jahre lang warten, dabei durch sorgfältige Arbeit ihr Wissen rüsten, bis der Papstwechsel ihre Hoffnung auf ein neues Engagement für die Wahrheit zu erfüllen scheint – dort die »gläubigen« Frauen Sarti und Virginia, die acht Jahre auf die Hochzeit warten, Brautwäsche nähen und Vorbereitungen treffen, bis der Wechsel in Galileis und Ludovicos Verhalten ihre Hoffnung auf Glückserfüllung zunichte macht. Sammelte Galilei heimlich astronomisches Wissen (Teleskop), so erwarb Virginia heimlich astrologisches Wissen (Horoskop). Muss die Sternenkunde der Astrologie vom Standpunkt der Astronomie als Aberglaube erscheinen, so nennt die (wie Virginia) kirchen- und horoskopgläubige Frau Sarti die teleskopische Sternenforschung »Teufelszeug«. Sie kriegt einen Schreck, wenn die Wissenschaftler lachen, wogegen Galileis Ausspruch »Die Theologen haben ihr Glockenläuten und die Physiker haben ihr Lachen« das Glockenläuten zum Schreck für die Wissenschaftler macht (vgl. die ›Widerruf‹-Szene 13). Meint Galilei, dass Virginias Glück nicht von seiner Astronomie abzuhängen braucht, so findet er durch Marsili bestätigt, dass seiner Tochter achtjährige Wartezeit durch seine eigene, achtjährige »Probezeit« bedingt war. Da Galilei sein Teleskop wieder aufstellt und somit anzunehmen ist, dass er sein langes Schweigen bricht, bricht Ludovico sein Heiratsgelöbnis, da er sich als Feudalherr nicht leisten kann, die Tochter eines Mannes zu ehelichen, dessen Lehren seine Pächter und erniedrigten Arbeiter aufstören könnten. Das Schlussbild der Szene beleuchtet die waagenhafte Interdependenz der Galilei- und der Vir-

ginia-Handlung: Solange er machtlos schwieg, stiegen ihre Aussichten; nun, da er sein Teleskop aufrichtet, fällt sie ohnmächtig zu Boden.
Täuscht Ludovico das Landvolk (das ihn erhält) und seine Verlobte, so täuscht Galilei den Klerus (der ihn versorgt) und seine Freunde. Der Ausdruck »Zung in der Backe« (im Vorspruch) entspricht dem »tongue in cheek« (in der amerikanischen Fassung) und heißt: etwas ironisch sagen oder jemand zu Gefallen reden. Galileis Verhalten nach außen hin ist ein Deckmanöver für seine Weiterverfolgung der kopernikanischen Lehre. Seine Angst vor der Verbrennung muss beträchtlich sein, wenn er nicht einmal seine Schüler in seine Geheimstudien einweiht, die diese nur zu gern teilen würden. Die Furcht, dass die Frauen ihn an die Kirche verraten könnten, wäre auch nicht gerechtfertigt, da die Kirche ja seine Forschung durchaus nicht verboten hatte und inzwischen verschiedene Theorien über die Sonnenflecken publiziert wurden, die allerdings in Rom die Befürchtung auslösen, »der ganze Erde-um-die-Sonne-Zirkus möchte wieder von vorn anfangen [. . .]«. Was Galilei ›heiß‹ macht (Leidenschaft für Sonnenflecken, Furcht vor Röstfeuer), ›kühlt‹ er hinter Experimenten mit Eisstückchen und Wasser (die immerhin die Autorität des Aristoteles weiter abbauen). Allerdings ›erhitzen‹ ihn Besucher wie Mucius (einst sein Schüler), der die Wahrheit nicht verschweigt, sondern sie eine Lüge nennt, und durch diesen Widerruf in Galileis Augen zum »Verbrecher« wird. Durch die ihm zugetragenen verführerischen Bücher über die Sonnenflecken verliert Galilei noch nicht seine nur schwer bewahrte Selbstbeherrschung. Aber als er hört, dass wahrscheinlich Kardinal Barberini, ein Mathematiker, Papst werden wird, beginnt ihm der Wein zu schmecken, und er lässt das »Wissen« als »Leidenschaft« und die »Forschung« als »Wollust« wieder offen sichtbar werden.
Zu den bemerkenswerten Pointen dieser Szene gehört auch der durch den Umschwung neu motivierte revolutionäre Geist unter Galileis Schülern, die den ›großen‹ (z.T. schon in Szene 7 genannten) Familien Italiens indirekt drohen, jenen alten Feudalherren also, »die der Erde befehlen stillzustehen, damit ihre Schlösser nicht herunterpurzeln!« und »die dem Papst die Füße küssen wollen, wenn er damit das Volk niedertritt!« Andrerseits wird das Wunschbild bzw. die Geschwindigkeit eines jeglichen ›Revolutions‹-Prozesses gedämpft durch den langsamen, systematischen, die Resultate immer aufs Neue überprüfenden wissenschaftlichen Prozess: „Ja, wir werden alles noch einmal infrage stellen. Und wir werden nicht mit Siebenmeilenstiefeln vorwärts gehen, sondern im Schneckentempo."

10

Die 10. (Fastnachts-)Szene, »in der die italienische Bevölkerung Galileis revolutionäre Lehre mit ihren eigenen revolutionären Forderungen verknüpfend, gezeigt wird« (Mat. I, 64; II, 100), spielt auf dem Marktplatz, den die ›Wissenschaft‹ nunmehr erreicht hat, wie Galilei schon in Szene 1 voraussagte. Die dialektische ›Zweiteiligkeit‹ dieser Szene besteht in der Umkehrung der »Großen Ordnung« der »Herren Theologen« durch die »erschröckliche Lehre und Meinung des Herrn Hofphysikers Galileo Galilei« aus der Perspektive der untersten, ärmsten Volksschicht (d.h. des ›Proletariats‹). Die Demonstration des halb verhungerten Schaustellerpaars radikalisiert die ›Revolutions‹-Thematik der vorausgehenden Szenen, gibt die Umkehrung der Gesellschaftsordnung aber als »Vorgeschmack der Zukunft« bzw. »Blick in die Zukunft« aus. Die Antithetik ›theologisches gegen wissenschaftliches Weltbild‹ macht Galilei zum Antipoden Gottes: Die *creatio dei* »wie im Himmel, so auch auf Erden« wird im neuen Credo umgedreht – der aufständische Wissenschaftler wird zum neuen Weltenschöpfer (»Auf stund der Doktor Galilei«) und gar zum »Bibelzertrümmerer« (was nie in seiner Absicht lag).

Die ›Umkehrung‹ der kosmischen, theologischen und gesellschaftlichen Ordnung mag wohl auf kommende – im marxistischen Sinn notwendige – Revolution und Herrschaftsübernahme des Volks (Proletariats) vorausdeuten, ist aber eben nur eine ›wie-du-mir – so-ich-dir‹ Umkehrung (»Jetzt soll sich mal die Herrin, he! / Um ihre Dienstmagd drehn«; oder: »Der Pächter tritt jetzt in den Hintern / Den Pachtherrn ohne Scham«). Vom Standpunkt der untersten Gesellschaftsklasse verspricht diese Umkehrung zwar ein gewisses Maß an rächender Gerechtigkeit, zeigt aber keinen idealen gesellschaftlichen Zustand an. Somit können die wiederholten Bemerkungen, die das Ganze nur als karnevalistischen Spaß ausgeben, ebenfalls als widersprüchlich verstanden werden, wie auch der immer wiederholte Refrain (er wird sechsmal gesungen): »Wer wär nicht auch mal gern / sein eigner Herr und Meister?« ›Sein eigner Herr sein‹ bzw. ›sich meistern‹ ist nicht gleichbedeutend mit: ›den andern beherrschen bzw. meistern‹. So verlangt die Antithetik in Form der ›Umkehrung‹ immer noch die Synthese – das ist der Sinn der Widersprüche.

Die Fastnachtszene zeigt also keine ideale Gesellschaftsordnung, sie provoziert sie und weist auf mögliche Methoden der Verwirklichung. Die Verwirklichung wäre aber das Produkt eines künftigen Geschichtsprozesses, welcher in der »Prozession« der vom unteren Volk erniedrigten Obrigkeit (Feudalismus und Klerus) angedeutet ist: »der Großherzog von Florenz«, mit Pappendeckelkrone und in Sackleinwand auf lächerlichem Thron »schaut aus nach Verdruss«; eine Kardinal-Puppe wird von vier maskierten Männern vermittels einer Blache in die Luft geschleudert – gesehen aus der nämlichen extremen Perspektive, die aus dem großen Revolutionär Galilei das »überlebensgroße« Abbild eines Rebellen macht. Hanns Eisler machte zu dieser Szene »eine triumphierende und bedrohliche Musik« (Mat. I, 84; II, 65).

11

Die 11. Szene ist, ähnlich wie die 6. und zum Teil auch die 9. Szene, zweigeteilt zwischen dem, was hinter der Szene (im Palast der Medici) und auf der Bühne (Vorzimmer und Treppe) vorgeht, d.h. aufeinander bezogen ist. Die ›Puppen‹ der vorausgehenden Karnevalsszene: Großherzog, Kardinal und Galilei, begegnen sich nun *in persona* in einer entscheidenden »Szene des Abbaus« (Mat. I, 65; II, 100). Während Galilei darauf wartet, dem Großherzog von Florenz sein gewichtiges Buch über die beiden größten (d.h. das ptolemäische und das kopernikanische) Weltsysteme abzuliefern, willigt der Großherzog ein, Galilei gerade wegen dieses ›ketzerischen‹ Buchs und der öffentlichen Folgen seiner Lehren an den Kardinal Inquisitor auszuliefern. Galilei, auf die Protektion des Großherzogs und des Papstes bauend, gibt sich noch selbstsicher: »Wir sind in Florenz und nicht unter korsischen Räubern«; »Soviel mir bekannt ist, hat niemand die

Absicht, gegen mich etwas zu machen«; und: »Ich kenne Macht von Ohnmacht auseinander«. Dabei mehren sich die Zeichen, dass seine Sicherheit ernstlich gefährdet ist: das ihn und seine Tochter Virginia verfolgende, spionierende »Individuum«; der sich unerwartet von Galilei abwendende Rektor der Universität, Gaffone; die Warnung des mutigen Eisengießers Vanni, der ihm rät, mit seiner Hilfe Florenz schleunigst zu verlassen; der unhöfliche Beamte; das ungewohnte Erscheinen des Kardinals Inquisitor in Florenz und schließlich der »ein wenig verlegene« Großherzog, der Galileis Buch nicht annimmt und in seiner Beunruhigung über Galileis Augen wohl in doppeltem Sinn eine Gefahr der Blindheit durchblicken lässt. Doch in diesem Augenblick ist es schon zu spät: Galilei hat Vannis Reisekutsche nach Venedig ausgeschlagen, kommt nicht mehr zu seinem (durch Verabredung mit dem Glasschneider Volpi bereitgestellten) Fluchtwagen und muss somit in den Wagen der Heiligen Inquisition steigen.
Sind die Motive der kühl berechnenden Oberen durchschaubar, so sind die Beweggründe des ›mit Feuer spielenden‹ und in ›heißes Wasser‹ geratenden Galilei wieder widersprüchlich genug: einerseits seine selbstsichere Haltung nach außen, andrerseits seine geheime Furcht (»Ihre Stimme trägt, Vanni«; die Abmachung mit Volpi). Wenn er Vannis Fluchtangebot ausschlägt, nennt er auch seine »Bequemlichkeit« als Grund, aber diese Bequemlichkeit scheint sich hier auch auf eine bewusste Trennung von wissenschaftlichem Werk und sozialer Anwendbarkeit wissenschaftlicher Neuerungen zu erstrecken. Es fällt auf, dass Galilei, der so oft für die ›Ganzheit‹ der neuen Wahrheit plädierte, sich nun vom Volk distanziert (»Jeder Nächstbeste mit irgendeiner Beschwerde hierzulande wählt mich als seinen Wortführer [. . .]«; seine Verurteilung der Fastnachtsereignisse; seine Brüskierung Vannis). Gänzliche Ablehnung sozialer Verantwortlichkeit enthalten seine Worte an Virginia: »Ich habe ein Buch geschrieben über die Mechanik des Universums [. . .] Was daraus gemacht oder nicht gemacht wird, geht mich nichts an.« Man mag argumentieren, dass er dies ›schlau‹ sagt, in Abwehr gegen die Überwachung durch das »Individuum« oder gar durch die von ihrem Beichtvater ausgehorchte Virginia. Tatsache ist jedoch, dass Galilei mit dem an Wissenschaft, Technik und Handel stark interessierten Vanni, der ihn auf »Freunde in allen Geschäftskreisen« hinweist (»Hinter Ihnen stehen die oberitalienischen Städte, Herr Galilei«), keine gemeinsame Sache macht, den »Kampf« für gesellschaftlichen Fortschritt also nicht aufnimmt (bzw. nicht ausnützt oder gar fallen lässt). Und da Vanni nebst seinen Berufsgenossen von der Manufaktur mit Männern wie Galilei steht und fällt, bedeutet dessen »Widerruf« in dieser Szene auch einen Rückschlag für das aufstrebende Bürgertum, das sich den bestehenden Ordnungen entgegensetzte und in der Lage war, Galilei »in seinem Kampf gegen die Kirche zu unterstützen« (Mat I, 65; II, 101).

12

In der 12. Szene verschiebt sich die Perspektive von außen nach innen: Der Zuschauer wird diesmal Augenzeuge von dem, was hinter verschlossenen Türen im Gemach des Vatikans vorgeht, während draußen »das Geschlurfe vieler Füße« zu hören ist. Wieder sind beide Seiten voneinander abhängig: Die versammelten »Doktoren aller Fakultäten, Vertreter aller Heiligen Orden und der gesamten Geistlichkeit« warten gespannt darauf, was Papst Urban VIII. über Galileis

Lehren sagen wird – der Papst wiederum horcht nervös auf das ihm unerträgliche »Getrampel in den Korridoren«, welches der schlaue Kardinal Inquisitor geschickt in seine Überredungsstrategie einbaut: »Es [das Getrampel] wird Ihnen vielleicht mehr sagen, als ich es kann, Eure Heiligkeit. Sollen diese alle von hier weggehen, den Zweifel im Herzen?«

Des Papsts Nervosität und sein irritiertes »Kommt denn die ganze Welt?« ist insofern verständlich, als sein Entschluss die Weltgeschichte beeinflussen wird, aber besonders, weil er (und ein großer Teil der Weltöffentlichkeit mit ihm) weiß, dass die »Rechentafel« (d.h. die Wissenschaft) nicht zerstört werden darf – während der Inquisitor ihm dringlich vorhält, dass nicht die Zweifel von den Zahlen, sondern die Zahlen von den Zweifeln kommen, und dass auf keinen Fall der Glaube zerstört werden dürfe. In dem Maße, in welchem der ehemalige Wissenschaftler Barberini von päpstlichen Gewändern umhüllt (und von des Inquisitors klerikalen Argumenten ›eingewickelt‹) wird, verändert sich seine aufrechte Opposition (»Nein! Nein! Nein!«) zum Nachgeben gegenüber der Inquisition *(Der Papst ist jetzt in vollem Ornat:* »Das Alleräußerste ist, dass man ihm die Instrumente zeigt«).

Hatte in Szene 7 Kardinal Barberini gesagt: »Leider habe ich auch einmal etwas Astronomie gelesen, Bellarmin. Das hängt einem an wie die Krätze«, so zeigt Szene 12, dass Galilei nicht unbegründet auf den nunmehrigen Papst Urban VIII. als Mathematiker und Wissenschaftler gebaut hatte. Der Papst weiß, dass Galilei »der größte Physiker dieser Zeit, das Licht Italiens«, aber auch eine einflussreiche Berühmtheit im Ausland ist; er will vermeiden, dass »die Heilige Kirche eine Senkgrube verfaulter Vorurteile« genannt wird; er »will keine Verurteilung physikalischer Fakten, keine Schlachtrufe wie ›Hie Kirche! und Hie Vernunft!‹«, und er denkt ebenso wissenschaftlich wie einst Galilei bezüglich der Ganzheit von Lehre und Folgen: »Man kann nicht die Lehre verdammen und die Sternkarten nehmen.« Diese Haltung, wie auch des Inquisitors Zugeständnis, man könne nicht umhin, den drängenden oberitalienischen Seestädten die Sternkarten zu geben, deuten zudem auf die Stärke von Galileis Position.

Es ist wohl gerade diese Stärke, die den Inquisitor veranlasst, sämtliche Kanonen gegen Galilei ins Feld zu führen. Wie zuvor Kardinal Bellarmin ist er für eine Trennung von Lehre und praktischer Nutzanwendung; d.h. das, was dem Handel (und damit auch der Kirche) zu materiellem Nutzen gereicht, akzeptiert er; aber alles, was aus dieser Lehre der Kirche von Nachteil sein kann, verdammt er. Dabei geht er sehr geschickt zu Werk: Denken und Zweifel, für den fortschrittlichen Galilei Vorboten einer glücklicheren neuen Zeit, sind für den reaktionären Inquisitor »eine entsetzliche Unruhe«, eine große gesellschaftliche Gefahr. Er denkt nie (wie Galilei) an die Vereinbarkeit von Vernunft und Gott, sondern argumentiert: Wenn die Vernunft statt Gott gesetzt würde, dann würden die Menschen gar »ihren schmutzigen Zweifel an den Kollekten üben« und die Maschinen würden die bestehenden sozialen Unterschiede zwischen »Oben und Unten«, »Meister und Gesellen«, »Herren und Knechten« gar aufheben. Dieser Wurm von einem Mathematiker, »dieser Wahnsinnige«, »dieser schlechte Mensch« sei ein Aufwiegler, nicht nur, weil er »seine astronomischen Arbeiten statt in Latein im Idiom der Fischweiber und Wollhändler verfasst«, sondern auch, weil er den Papst in seinem Buch lächerlich gemacht habe (das »letzte Wort« des Glaubens spreche ein »dummer Mensch«). Bewusst zielt der aufwieglerische Kardinal Inquisitor (der übrigens die Aristoteliker und die Theologen

für den »besten Teil« der »ganzen Welt« betrachtet) auf das Prestige, die persönliche Position, die Eitelkeit des Papstes, wenn er die öffentliche Kritik an den »Barberinis«, die prekäre Außenpolitik »Eurer Heiligkeit«, sein »Zerwürfnis mit dem Kaiser«, den sein Amt verdunkelnden Religionskrieg der Reformation und das Gerücht eines päpstlichen Bündnisses mit dem lutherischen Schweden auf den allgemeinen, von Galilei gesäten »Zweifel« in der Welt bezieht.
Der Kardinal Inquisitor ist ein Menschenkenner, der es versteht, den Papst und auch Galilei zu manipulieren: fasst er den Papst bei seiner Eitelkeit, so Galilei bei seiner Sinnlichkeit: »Man wird praktisch bei ihm nicht weit gehen müssen. Er ist ein Mann des Fleisches. Er würde sofort nachgeben [. . .] Herr Galilei versteht sich auf Instrumente«, also auch auf Folterinstrumente, die ihn zum Widerruf seiner Lehre zwingen sollen.

13

Die 13. Szene zeigt die hohen Erwartungen, die Galileis Schüler und seine Tochter am entscheidenden Tag in ihn setzen, sowie ihre Reaktionen auf seinen Widerruf, aber auch Galileis Antwort auf Andreas Verhalten. Schon in der Szenenanweisung werden die beiden Lager kontrastiert: hier Wissenschaft, weite Bewegung, Neuheit (die Schach spielenden Schüler) – dort Enge und alter Glaube (die in einer Ecke betende Virginia). Die beiden Seiten treten im sich steigernden Wechselspiel zwischen »Zweifel« und »Glaube« verschieden stark hervor, bis das Glockendröhnen die Wende bringt. Die Schüler zweifeln an Galileis Widerruf – Virginia hofft darauf. Die Schüler bangen um die Wissenschaft – Virginia um ihres Vaters Seelenheil. Beide Seiten stützen sich durch entsprechende ›Glaubensbekenntnisse‹: die Schüler durch Vernunftargumente, durch Berufung auf das, was sie von Galilei gelernt haben, und durch Zitate – Virginia durch Gebete. Als etwas verspätet die Glocke ertönt, verharren die in überglückliche Bewegung geratenen Schüler plötzlich erstarrt – während Virginia sich erlöst aus ihrer Ecke erhebt. Ist Virginia durch den Bruch des Beichtgeheimnisses (seitens der Kirche) »verwirrt«, so sind es die Schüler durch den Vertrauensbruch ihres Lehrers.
Allerdings scheinen die Schüler auch schon vor dem Widerruf verwirrt zu sein. Besonders das Verhalten Andreas ist widersprüchlich: »Sie werden ihn umbringen«, sagt er, dann schreit er auf: »Das werden sie nicht wagen!« Fest versichert er, dass Galilei »niemals widerruft«, doch als die Uhr fünf schlägt, widerruft er sich selbst: »Sie köpfen die Wahrheit!« Wie der Mönch hält er sich die Ohren zu, um den erwarteten Glockenschlag (= Widerruf) nicht hören zu müssen, und behauptet dann forsch: »Ich aber wusste es« (dass Galilei nicht widerrufen würde). Der kleine Mönch, der ebenfalls auf Galileis Standhaftigkeit hofft, sich aber auch der veränderten Umstände bewusst ist (»Er ist 23 Tage im Kerker gesessen«), gibt seine Sorge wenigstens zu: »Ich Kleingläubiger!«, um dann niederkniend dem Herrn (nicht Galilei) zu danken! Andrea scheint, wie zuvor sein Meister, eher ein ›Großgläubiger‹ zu sein mit der gleichen Anfälligkeit: Er erwartet Großes (sogar den Tod) von anderen, ohne selber in deren Situation zu sein. Ja, nach seiner erregten Beschimpfung Galileis passiert auch ihm eine Art ›Um-

fall‹ *(Setzt sich.* »Mir ist schlecht«) und man darf sich fragen, ob er unter gefährlicheren Umständen standhafter gewesen wäre. Auffällig ist ferner, dass der durch den Prozess *»völlig, beinahe bis zur Unkenntlichkeit«* veränderte Galilei, der »ein Bett benötigen« mag, durch seine Schüler keine Hilfe erhält (sie *weichen vor ihm zurück),* hingegen helfen sie (und Galilei: »Gebt ihm ein Glas Wasser«) dem zusammengebrochenen Andrea, der in dieser Szene so große Worte redete. Seinem Satz: »Unglücklich das Land, das keine Helden hat!« setzt Galilei entgegen: »Nein. Unglücklich das Land, das Helden nötig hat!« Beides sind ›idealistische‹ Argumente, beide weisen auf eine Realität, die vom anfänglichen ›Neuzeits-Optimismus‹ (Wunschdenken) noch weit entfernt ist. Für Andrea und auch Federzoni ist persönliches Heldentum bis zur Todesbereitschaft (anderer) notwendig, damit die Zeit des Wissens und die Lust zu leben auch wirklich anbricht (»Jetzt beginnt wirklich die Zeit des Wissens. Das ist ihre Geburtsstunde«; »Aber es ist alles verändert heute! Der Mensch hebt den Kopf, der Gepeinigte, und sagt: Ich kann leben. So viel ist gewonnen, wenn nur einer aufsteht und Nein sagt!«). Galilei hingegen spricht als Physiker, »der die Natur um ihr Privileg bringen möchte, Tragödien zu verhängen, und die Menschheit um die Notwendigkeit, Helden zu stellen« (Mat. I, 67; II, 103). Er hält dem heldenheischenden ›Anfangs‹-Stadium ein mögliches, ideales, auf Helden verzichten könnendes ›End‹-Stadium einer Menschheitsentwicklung entgegen.
In dieser Szene wird Galilei, nicht ohne Widersprüche, von seinen Schülern angeklagt, beschuldigt aber weder sich selbst noch seine Schüler. Am Ende der Szene lässt Brecht eine Stelle aus Galileis *Discorsi* vor dem Vorhang verlesen, was einerseits hervorhebt, dass entgegen Andreas Vermutung die *Discorsi* doch zu Ende geschrieben wurden, andererseits zu bedenken gibt, dass kleinere Lebewesen verhältnismäßig kräftiger und stärker sind als die großen und dass große und kleine Maschinen nicht gleich ausdauernd sind. Da hier (für Galilei wie für Brecht) Analogie ein Teil der Wissenschaft ist, gilt die Feststellung wohl auch für die relative Schwäche und Anfälligkeit des ›großen‹ Galilei – sei es als Apologie oder als Widerspruch – und fordert die ausdauernderen »Kleinen« zur Aktion.

14

Auch die 14. Szene steht, vielleicht noch mehr als alle vorausgehenden Szenen, im Zeichen des Doppelspiels und der Widersprüche. Galilei ist bis zu seinem Tod Gefangener der Kirche, aber er experimentiert und schreibt weiter. Er wird durch den Mönch und Virginia überwacht, aber es gelingt ihm, sie bis zu einem gewissen Grad zu täuschen. Er muss das, was er produziert, an die Obrigkeit abliefern, aber er lässt Andrea eine heimlich angefertigte Kopie der *Discorsi* ins Ausland schmuggeln. Er ist seit seinem Widerspruch öffentlich blamiert, aber die Öffentlichkeit kümmert sich dennoch um ihn (das Geschenk der Gänse; Fabrizius' Interesse; Andreas Besuch). Er hat widerrufen und trägt die Konsequenzen, aber sein Widerruf und sein Verhalten danach werden widersprüchlich ausgelegt. Wiederum ist die Szene in zwei entgegengesetzte Handlungsstränge geteilt: die Virginia (Mönch, Kirche)-Episode und die Andrea (Wissenschaft)-Episode. Wieder wird in beiden Episoden das Verhalten durch die Situationen bedingt und wieder sind die beiden Episoden in sich voller Doppeldeutigkeiten.

Das Verhältnis zwischen Galilei und seiner Tochter ist gespannt. Er hat es versäumt, sie im Sinn seiner Lehre zu erziehen, nun ist sie ein Spitzel der Kirche. Sie verabscheut seine Fresslust, er ihre Bigotterie. Aber er braucht sie, seiner schlechten Augen wegen, zum Vorlesen und zum Diktat. Seine Beantwortung der Fragen und Zitate des Erzbischofs mag seine verachtungswürdige Kollaboration mit der Kirche, den unproduktiven intellektuellen Leerlauf seines intakten Gehirns beweisen (Mat. I, 33; II, 69), fungiert aber auch als Deckmanöver für seine riskanten heimlichen Unternehmungen. Die Ironie dieser wöchentlichen Antwortbriefe (in denen Galilei z.B. die reaktionäre Haltung der Kirche gegenüber den aufrührerischen Seilern gutheißt) kann nur so naive Seelen wie Virginia täuschen – und vorsichtig lässt Galilei das, was ihm zu zynisch erscheint, wieder streichen. Der ironische Ton dieser opportunistischen (bzw. provozierenden) Texte macht uns aber auch hellhörig in Bezug auf die folgende Andrea-Episode.

Es ist klar, dass Galilei bei Andreas Erscheinen seine Bewachung loswerden will, nicht so sehr, um Nachrichten aus der wissenschaftlichen Welt zu erfahren, sondern mehr noch, um Andrea etwas mitzuteilen, was die Kirche nicht wissen soll. Da Virginia vorerst im Zimmer bleibt und auch der Wach-Mönch horcht, äußert sich das gespannte Verhältnis zwischen Galilei und Andrea zunächst in einer Art Scheinduell voller Ironie und aggressiver Spitzen. Beide wissen nicht genau, wie sie zueinander stehen, und reden direkt und indirekt zugleich. Galileis indirekten Fragen nach der internationalen Forschung und der Tätigkeit seiner »wissenschaftlichen Freunde« (Andrea, Federzoni, Fulgenzio) lassen erkennen, dass er ihr Weiterwirken erwartet, gleichzeitig unterlässt er es aber auch nicht, auf seine eigenen wissenschaftlichen Studien (»in bescheidenem Umfang«) und, ziemlich zweideutig, auf seine »Fortschritte« zu verweisen, als könne es da ein Zusammenspiel geben. Andrea, der die indirekten Fragen wohl versteht, hat aber nur enttäuschende Auskunft als Antwort auf Galileis enttäuschenden Widerruf.

Indem Galilei nun Virginia barsch hinausschickt und auch der Mönch, durch »frischen Ziegenkäse« verlockt, in die Küche abgeht, ist die Möglichkeit für ein offeneres Gespräch gegeben. Galilei kommt auch gleich zur Sache und sagt Andrea, was er zuvor nur andeuten konnte: dass er »wieder geschrieben« habe und »die *Discorsi* fertig« seien. Andrea, zuerst erregt, dann entsetzt darüber, dass das Werk »in der Hand der Mönche« sei, während die Welt danach »hungere«, hört alsbald von der Abschrift im Globus und wird von Galilei zunächst indirekt, dann ganz direkt veranlasst, die Kopie auf eigene Verantwortung heimlich nach Holland mitzunehmen. Soweit Galileis Absicht und Andreas Kollaboration, den Export der *Discorsi* betreffend – egal, ob man nun Galileis Kommentar über sich (»Rückfälle«, »eingewurzeltes Laster«, »Sklave meiner Gewohnheiten«, »Meine Eitelkeit«) oder über Fabrizius (der da jammert, aber in Sicherheit sitzt, und den die riskante Tat gewiss »erheben« werde) als Ironie oder als bare Münze auffasst.

Aber außer den *Discorsi* gibt Galilei dem Andrea auch noch eine Belehrung über Ethik mit auf den Weg. Andrea, der noch in Szene 13 vorschnell ausrief: »Aber es ist alles verändert heute!«, macht eine moralische Kehrtwende und setzt nun statt auf den Todesmut auf die vermeintliche List seines Meisters: »Dies ändert alles. Alles.« Er glaubt jetzt, dass Galileis Widerruf zu Recht eine Finte war, dass er ja erst überleben musste, um die *Discorsi* zu schreiben, dass er sich »aus einer hoffnungslosen politischen Schlägerei« zurückzog, »um das eigentliche Geschäft der Wissenschaft weiter zu betreiben«, welches er – wie einst sein Lehrer – recht widersprüchlich definiert: Zunächst spricht er noch vom Studium der Bewegung zwecks Bewohnbarmachung der Erde durch Maschinen, doch als er von Galilei hört, dass es kein wissenschaftliches Werk gebe, das nur ein Mann schreiben kann, und dass er selber nicht aus listiger Forschungsabsicht, sondern aus Furcht vor dem körperlichen Schmerz widerrief, sagt er laut: »Die Wissenschaft kennt nur ein Gebot: den wissenschaftlichen Beitrag.« Dieses Credo der ›reinen Wissenschaft‹ veranlasst Galilei, sich selbst und Andrea des »Verrats« zu beschuldigen und ihm, als Resultat seines langen Nachdenkens, eine lange Lektion zu erteilen. Es ist eine Analyse der ausbeuterischen Klassengesellschaft, eine Mahnung, »dass das einzige Ziel der Wissenschaft darin besteht, die Mühseligkeit der menschlichen Existenz zu erleichtern« und eine Warnung, dass angehäuftes Wissen im Dienst selbstsüchtiger Machthaber zu neuen Drangsalen führen und »dass euer Jubelschrei über irgendeine neue Errungenschaft von einem universalen Entsetzensschrei beantwortet werden könnte«. Er, Galilei, habe als einflussreicher Wissenschaftler »eine einzigartige Möglichkeit« des folgenreichen Widerstands und der Solidaritätsbildung (»hippokratischer Eid«) unter den Naturwissenschaftlern vertan, habe sein »Wissen den Machthabern« überliefert, habe seinen »Beruf verraten« und könne »in den Reihen der Wissenschaftler nicht geduldet werden«.

Auffällt, dass diese Haltung, die Andreas Heldenerwartung in Szene 13 entspricht, nun ebenfalls aus der Position der persönlichen Sicherheit geäußert wird und dass Galilei seine Belehrung diesmal behäbig, *»akademisch, die Hände über dem Bauch gefaltet«* von sich gibt. Auffällig ist auch der Widerspruch zwischen der Warnung in der *»ihr«*-Form (d.h. Andrea und künftige Wissenschaftler) hinsichtlich der *möglichen* schlimmen Entwicklung und der *definitiven* Folgerung aus *seinem* Fall (die Andrea provozieren muss): »Wie es nun steht, ist das Höchste, was man erhoffen kann, ein Geschlecht erfinderischer Zwerge, die für alles gemietet werden können.« Ebenso ist bemerkenswert, dass Galilei trotz seines Versagens immer noch der Meinung ist, ein neues Zeitalter sei angebrochen, und dass er zwar Andreas Hand nicht nimmt, ihm aber rät, auf sich Acht zugeben, wenn er »durch Deutschland« kommt, »die Wahrheit unterm Rock«. Schließlich äußert Andrea noch einen Widerspruch: Er scheidet mit dem Zweifel, dass Galileis »mörderische Analyse das letzte Wort sein wird«. Provozierend sind auch die letzten Worte der Szene: Der mit seiner Gans beschäftigte, halb blinde Galilei fragt »Wie ist die Nacht?« Virginia, am Fenster stehend, antwortet: »Hell.«

15

In der 15. Szene überschreitet Galileis Buch die italienische Grenze. Es ist jedoch eine ›Grenzüberschreitung‹ in mehrfachem Sinn: Andrea trennt sich von Italien, um im Ausland weiterzuarbeiten; das »Wissen« *(Discorsi)* trennt sich von seinem Autor und wird der Obhut anderer überantwortet (»Hütet nun ihr der Wissenschaft Licht / Nutzt es und missbraucht es nicht«); es ist auch ein Übergang im Generationenwechsel von Lehrern und Schülern: Galilei belehrt nicht mehr Andrea, sondern Andrea andere – in diesem Fall: die Kinder am Grenzbaum; außerdem ist es eine Überschreitung alter Vorstellungen, sichtbar nicht nur in der Überwindung von Hexen- und Teufelsglauben bei den Kindern, sondern auch in einer neuen Täuschungspsychologie (Der Grenzwächter über Andrea: »So offen würde uns ja keiner hinlegen, was er zu verbergen hätte«) und in einer neuen Moral (»Verschissen ist nicht zerrissen«). Die Grenzübertretung ist also auch eine Art Zeitenwende, die Galileis ungebrochenen Glauben an »ein neues Zeitalter« bestätigt und darauf schließen lässt, in welchem (übertragenen) Sinn die »Nacht« auch »hell« sein kann (vgl. Szene 14). Bezeichnenderweise spielt die letzte Szene wie die erste (in der die »neue Zeit« so optimistisch gepriesen wurde) »Früh am Morgen« und der letzte Satz des sich »umwendenden« neuen Lehrers, zugleich das letzte Wort des Stücks, lautet: »Wir stehen wirklich erst am Beginn.«

Diese Szene greift neben den Schlüsselthemen ›alte Zeit – neue Zeit‹, ›Aberglaube – Wissensverbreitung‹, ›Überwachung – List‹ auch andere Motive aus früheren Szenen noch einmal auf: Buch und Milch (geistige und physische ›Nahrung‹); der Streit zwischen Kindern unterschiedlicher Intelligenz mit der Drohung des ›Hand-Ausrenkens‹ (vgl. Cosmo-Andrea); das Motiv, dass der sozial bedürftigere Junge der Gescheitere (der Zweifelnde) ist (vgl. Andrea); der »große« Aristoteles als Gegenpol (und Deckmantel) des großen Galilei; die scheingelehrten ›Peripatetiker‹, die dem modernen Wissenschaftler (Galilei, Andrea) höhnen *(Die Jungen gehen, um den lesenden Andrea zu verspotten, so herum, als läsen sie in Büchern beim Gehen);* die Religion und Inquisition (Buchinspektion); die sozialen Missstände der Klassengesellschaft (die alte Marina, die keine Milch bekommt; der bankrotte Kutscher Passi, dessen beschädigtes Haus auktioniert wird); und natürlich die Belehrung: »Du musst lernen, die Augen aufzumachen«, sagt Andrea zum Jungen wie einst Galilei zu ihm und erläutert dann die Möglichkeiten künftiger Maschinen.

Das erneute Auftreten dieser Motive in der Schlussszene bedeutet also gleichermaßen Rückschau und Ausblick. Auffällig an der Textstruktur ist außerdem, dass die auch in dieser Szene hervortretende Zweisträngigkeit der Handlung (Andreas Grenzabfertigung durch die Vertreter des alten Obrigkeitssystems – und Andreas Beschäftigung mit der neuen Generation bzw. den Vertretern des ›Volks‹) weniger antithetisch (wie in vorausgehenden Szenen) ›gegeneinander‹ ausgespielt wird, sondern enger verzahnt ist und fast simultan verläuft. Dabei reagiert Andrea auf beide Seiten: Die Grenzwächter täuschend verschlingt er mit den Augen Galileis *Discorsi* – zugleich verfolgt er aber mit den Ohren das Gespräch der abergläubischen Jungen über die »Hexe« Marina und verteilt dann Milch und Wissen. Diese Synthese der Verhaltensweisen zeigt am Ende einen Wissenschaftler, der Galileis ›Theorie‹ aus Szene 14 (die Wissenschaft habe sowohl mit dem Kampf um die Messbarkeit des Himmels als auch mit dem Kampf um Milch zu tun) in der ›Praxis‹ verwirklicht – wenn auch zunächst nur im Kleinen. Aber auch das ist ein Neubeginn.

5 Gedanken und Probleme

5.1 Historie oder Parabel?

Es gibt grundsätzlich zwei Möglichkeiten, historische Stoffe literarisch zu behandeln: exakte Darstellung von vergangenen Geschehnissen und Figuren ohne besonderen Bezug zur Gegenwart (was bestenfalls einer Wissensbereicherung, schlimmstenfalls einer Flucht in die Geschichte gleichkommt); oder bewusste Bearbeitung und Deutung der Geschichte in enger Beziehung zur Gegenwart (was schlimmstenfalls einer Mythisierung der Gegenwart, bestenfalls der Realisierung fortschrittlicher Kräfte dienlich wäre.) Shakespeares *Richard III.*, Schillers *Maria Stuart,* Brechts *Mutter Courage* oder *Galilei* sind nicht deshalb große Dramen, weil sie wichtige Kapitel der Weltgeschichte behandeln, sondern weil sie wesentliche, aktuelle Anliegen bedeutender Dichter künstlerisch gestalten. Schon in seiner vormarxistischen Zeit zeigte Brecht starkes Interesse an der Geschichte und bearbeitete z.B. in *Leben Eduards des Zweiten* (nach Marlowe) einen historischen Stoff als Medium seiner sozial-kritischen Weltanschauung. Seit seiner intensiven Beschäftigung mit Marx (etwa ab 1926) sind es nicht nur seine Werke mit ›historischen‹ Themen, die sich marxistischer Geschichtsauffassung verschreiben. Diese Auffassung basiert sowohl auf Geschichtsstudien als auch auf einer Interpretation der Geschichte als fortdauerndem Klassenkampf auf eine klassenlose Gesellschaft hin. Brechts ›historisches‹ Denken ist also selbst in der Behandlung von Geschehnissen aus der Vergangenheit optimistisch auf die Gegenwart und die Zukunft bezogen. Die dialektische Betrachtung des Geschichtsprozesses kann das Gegenwärtige aus dem Vergangenen, aber auch das Vergangene aus dem Gegenwärtigen verstehen: »Bei der *Historisierung* wird ein bestimmtes Gesellschaftssystem vom Standpunkt eines anderen Gesellschaftssystems aus betrachtet. Die Entwicklung der Gesellschaft ergibt die Gesichtspunkte« (GW, XVI, 653) und die »Abbildung der Wirklichkeit« geschieht »zum Zweck der Einflussnahme auf die Wirklichkeit« (GW, XVI, 717).
In Bezug auf *Leben des Galilei* heisst das: Trotz weitgehender Verarbeitung historischer Fakten lag Brecht weniger an der Wiedergabe authentischer Details aus Galileis Lebensgeschichte als vielmehr an der sozialgeschichtlichen Relevanz eines historischen ›Modell‹-Falls: Galileis Kampf gegen die Obrigkeit (Schumacher I, 514). Dieser ›Modell‹-Fall aus der Vergangenheit ist einerseits kausal mit der Gegenwart verbunden: Hätte sich Galilei anders verhalten, wäre die ›Geschichte‹ anders verlaufen – oder, laut Brecht: hätte Galilei (und andere Wissenschaftler) widerstanden, wäre nicht »die letzte Frucht der Bewegungsgesetze des Galilei, die Atombombe« (Mat. I, 49; II, 87) an die Obrigkeit abgeliefert worden – es gäbe diese Obrigkeit gar nicht. Andererseits wird die Gegenwart (Verhalten der modernen Wissenschaftler gegenüber der Obrigkeit) in die Vergangenheit hineinprojiziert: Vergangenheit und Gegenwart werden zu Parallelfällen, die jedoch nicht genau zur Deckung kommen (denn dann bedeutete Geschichte nicht Fortschritt), sondern die sich gegenseitig ›verfremden‹, d.h. vom Gesichtspunkt der Veränderbarkeit der Geschichte das, was war (bzw. ist), kritisieren und das, was auch möglich war (bzw. sein sollte), provozieren. Der ge-

schichtliche ›Modell‹-Fall nähert sich somit der Parabel, d.h. er wird zum lehrhaften ›Gleichnis‹, welches analoge Vorgänge auf verschiedene Weisen erhellt (hierin ist sich östliche und westliche Kritik weitgehend einig; vgl. Knopf II, 173). Brechts Bemerkung, der *Galilei* sei »interessant als gegenbeispiel zu den parabeln. dort werden ideen verkörpert, hier eine materie gewisser ideen entbunden« (AJ, 747) bedeutet – vor allem für die späteren Fassungen – weniger einen Gegensatz als eine Angleichung von Historie und Parabel, da die »Materie« ja parabolisch durchsetzt ist, die »Entbindung« zugleich eine »Verkörperung« von (Brechts) Ideen ist.

Die Meinungen darüber, ob sich Galilei und die Kirche über das volle Ausmaß der sozial-revolutionären Konsequenzen ihres gewaltigen weltanschaulichen Konflikts im Klaren waren, gehen auseinander. Gewiss war auch die Renaissance eine Zeit der Spannungen zwischen verschiedenen Gesellschaftsschichten; ebenso gewiss waren die ›klassenkämpferischen‹ Positionen nicht so realisiert, wie Brecht sie andeutet (Schumacher II, 43–60, 161–174). Auf keinen Fall wollte Galilei, ein gläubiger Katholik, die Bibel oder die Religion diskreditieren; nie wäre ihm eingefallen, zu sagen: »Himmel abgeschafft«; und es kann nicht Papst Urban VIII. gewesen sein, der Voltaires Bonmot prägte: »Wenn Gott nicht existierte, müsste man ihn erfinden.« Galilei selbst spricht wie ein Aufklärer des 18. Jahrhunderts, doch werden ihm auch Einstein-Worte in den Mund gelegt, so etwa in Szene 7 das »kleine Argument über die Fassungskraft des menschlichen Gehirns« (Mat. I, 59; II, 96) oder in Szene 14 ein Echo von Einsteins Vorschlag, die Tatsachen der Wissenschaft (Atomenergie) auf die Marktplätze zu bringen (Schumacher II, 187). Weder wurde Galilei von der Kirche so scharf bewacht noch war sein enges Verhältnis zu seiner Tochter Virginia derart negativ, wie Brecht es darstellte. Manche Daten scheinen weniger auf Ereignisse des 17. als auf solche des 20. Jahrhunderts anzuspielen. Ließ Brecht einerseits die historische Begegnung zwischen Galilei und Urban VIII. aus, so setzte er andrerseits ›unhistorische‹ Figuren (wie Andrea, Frau Sarti, Federzoni u.a.) und neue Motive in sein Stück ein. Zwar baute der historische Galilei auf die Macht der menschlichen Vernunft, aber er glaubte mehr an die Vernunft der höheren Intelligenz in Kirche, Adel und einflussreichen Einzelbürgern als an die Vernunft der breiteren Volksschichten, wie Brecht sie sieht. Aber solche Anachronismen und ›unhistorische‹ Details können nur von jenen als Geschichtsverfälschung betrachtet werden, die sich Brechts Ideologie und Ästhetik verschließen.

Wenn nun die Wirkung, die von Galilei ausging, bereits ihm selbst zugesprochen wird, so deutet das – bei aller Differenz – auf historische Kontinuität und zugleich auf die Offenheit künftiger Entwicklung. Wenn somit die ›enthistorisierte‹ Vergangenheit, die ›historisierte‹ (bereits als Geschichte betrachtete) Gegenwart und die noch offene Zukunft in der Parabel zusammenfallen (und Galilei nicht mehr historische Person sondern Parabelfigur ist), so bedeutet das stets neue Aktualität und die Möglichkeit vielfältiger Analogiebildungen, zumal Brecht den Begriff »Wissenschaftler« ja so weit spannt, dass praktisch jeder denkende Mensch eingeschlossen ist. So erhielt das parabelhafte ›Geschichts‹-Stück denn auch die unterschiedlichsten Interpretationen je nach ideologischem Standort der Interpreten: als Testfall der deutschen Wissenschaftler und Intellektuellen unter der Hitler-Diktatur bzw. als warnende Verhaltensstudie über bürgerliche Atomwissenschaftler gegenüber der imperialistischen amerikanischen Regierung (Mittenzwei; Schumacher u.a.); als Autobiografie Brechts, der seine Freiheit ans unterdrückerische kommunistische System (Ost-Berlin bzw. marxistische Ideologie) verkaufe (Szczesny u.a.); als verkleidete Chronik der russischen Revolutionsgeschichte, einschließlich der Schauprozesse unter Stalin – bzw. als Biografie Leo Trotzkis, des Advokaten der ›permanenten Revolution‹ (Deutscher; Ewen; Weber); als eine Art Hamlet, dessen Natur seiner hohen Aufgabe nicht gewachsen ist (Jungk, zit. bei Massberg, 56); ja, man darf hinzufügen: als ein ›Jedermann‹ mit allen Stärken und Schwächen des Menschseins. Auch gilt das Stück als säkularer Gegenentwurf zum Evangelium (s. 5.10).

5.2 Autobiografische Elemente

Kann man in sämtlichen Stücken Brechts mehr oder weniger deutliche Zeitbezüge erkennen, so wurde keine andere seiner Bühnengestalten so oft mit dem Autor selbst identifiziert, wie Galilei. Gewisse Parallelen liegen nahe (Schumacher II, 349–353): Beide, Galilei wie Brecht, sind Apostel der wissenschaftlichen Denkmethode und beider Wissenschaft soll ausschließlich dem gleichen sozialen Ziel dienen. Wurde Brecht als neuer ›Physiker‹ literarischer Kunst (Max Frisch, zit. in Schumacher II, 350), als ›Galileo‹ einer neuen Theaterwelt bezeichnet (Alan Schneider, zit. in Schumacher II, 350), so ist Galilei selber ein origineller Literat und ein großer Theatermann: Bühnenwirksam demonstriert er seine Experimente, lehrt den Zweifel am ›Natürlichen‹, Bestehenden, praktiziert den V-Effekt (dessen ›Erfinder‹ er ja ist) – wie Brecht. (Außerdem hatte der historische Galilei einen Hang zum Theatralischen und bot auch seine Erkenntnisse in dramatischer Form dar, d.h. in lebendigen und witzigen Dialogen.) Sowohl Galilei als auch Brecht sind geborene Didaktiker und Dialektiker und beide richten sich an ein neues Publikum: Laien aus breiten Volksschichten. Beider ›Wissenschaft‹ ist anti-autoritär und verspricht eine neue, bessere Zeit. Galilei als Naturwissenschaftler wie Brecht als Theaterwissenschaftler sind verschworene Anti-Aristoteliker; beide sehen im Aristotelismus die Stütze des »alten« Weltbilds, die unliebsame Bewahrung des Status quo. Galilei wie Brecht kämpfen gegen die Obrigkeit, sei es nun Kirche und Feudalismus oder der bürgerliche Kapitalismus. Grundlage für die erhoffte neue Zeit ist bei Galilei der Kopernikanismus, bei Brecht der Marxismus – was in Brechts ›materialistischer‹ Gestaltung ja letztlich aufs selbe hinausläuft (Deghaye). Der Glaube beider ist der oft enttäuschte, aber nie ganz aufgegebene Glaube an die menschliche Vernunft. Als Rationalisten und Materialisten sind beide Kritiker der Heiligen Schrift, jedoch keine vorbehaltlosen Bibelfeinde. Gemeinsam ist ihnen eine ausgesprochen diesseitsbetonte Vitalität, ein Appetit nach Welt, ein in Sinnlichkeit und Denkfreude ausschlagendes Lustprinzip, welches unter Bedrängnis problematisch wird.
Angesichts der Gefährdung durch das obrigkeitliche System (sei es feudalistische, faschistische, kapitalistische oder kommunistische Diktatur) verwies man – in Ost und West – besonders auf Galileis wie Brechts Listenreichtum und Anpassungsfähigkeit bzw. Kompromissbereitschaft, was alles – je nach Gesichtspunkt – als taktisch oder opportunistisch gedeutet wurde. Der vorübergehende Einbau der Keunos-Parabel impliziert zudem unabhängig vom *Galilei*

festgestellte Affinitäten zwischen Brecht und dem Protagonisten von Brechts *Geschichten vom Herrn Keuner*. Die auf Galilei (und Brecht) bezogene Keuner-Geschichte handelt von *Maßnahmen gegen die Gewalt* durch vorübergehende Unterwerfung zwecks Überlebens.

Galileis Verbannung wurde Brechts Exilerlebnis gleichgesetzt (Schumacher II, 351; Stern u.a.): ähnlich sind allgemeine Aspekte wie Verfolgung, Unterdrückung intellektueller Freiheit und Identitätsverlust; aber auch spezifische Daten und Fakten kann man synoptisch sehen: 1633 wurde Galilei von der Inquisition der Prozess gemacht; 1933, also genau 300 Jahre später (als er anfing sich mit Galilei zu beschäftigen) wurde Brecht von den Nazis der ›Prozess‹ gemacht, indem sie seine Bücher verbrannten. Galilei wie Brecht zogen sich ›aufs Land‹ (Exil) zurück, arbeiteten aber weiter und ließen ihre Wahrheit in andere Länder ›schmuggeln‹. Im amerikanischen Exil ereilte Brecht die Inquisition in Form der vom Senator Joseph McCarthy angestachelten Untersuchungen ›kommunistischer Umtriebe‹. Brecht musste in den ›Hearings before the Committee on Un-American Activities‹ aussagen; sein geschicktes Leugnen (›Widerruf‹) lässt ihn in der schlauen bzw. lumpenhaften Galilei-Rolle erscheinen. Galileis Übersiedlung von der freien, aber ihm lästigen Republik Venedig ins für ihn bequemere, aber von autoritärer Ideologie (Katholizismus, Rom) stark abhängige Florenz wurde einerseits Brechts Emigration in die ›unfreien‹ USA, andrerseits seiner ›Anstellung‹ im ›unfreieren‹ Ostberlin gleichgesetzt. (Summierung dieser so häufig auftauchenden Argumente bei Schumacher II, 484 ff.; Lucke, 81 f.)

Man tut wohl am besten, wenn man die autobiografischen Bezüge nicht zu sehr strapaziert und auf keinen Fall verabsolutiert. Gleichzeitig tut man gut, wenn man von vornherein (nicht erst am Ende) die Widersprüchlichkeit der Galilei-Figur erkennt, aber auch Brechts eigene Widersprüche sieht; wenn man weiß, dass er trotz aller (teils nachgeholter) Ideologisierung im Rückblick auf sein Werk auch das bittere Gefühl der Resignation, des Selbstzweifels (wenn nicht des Selbstvorwurfs) empfand, ein Zweifel, der jedoch wieder produktiv und optimistisch eingesetzt werden kann im Vertrauen auf eine neue Generation – Galilei wie Brecht: Begründer einer neuen Zeit – aber auch ›Vor-Läufer‹ (Buck, 135). Selbst Galileis mörderische Selbstanalyse kann angesichts ihrer speziellen Bedingungen und Perspektiven eine neue Belehrung der folgenden Generation in Andrea (der nun zum Lehrer wird) und eine weitere Belehrung der Menschen aller folgenden Generationen bedeuten. Die autobiografischen Bezüge würden durch diese Sicht keineswegs verbaut oder herabgemindert.

5.3 Galilei: Held oder/und Verbrecher?

Die Hauptfigur des Stücks war von Anfang an wiederspruchsvoll angelegt (Mittenzwei, 268), doch wurde diese Widersprüchlichkeit in der 2. und 3. Fassung entschieden verschärft. Alle brechtschen Äußerungen laufen darauf hinaus, dass es falsch wäre, »Galilei entweder nur zu loben oder nur zu verdammen« (Mat. I, 13; II, 57). Brecht stand dem landläufigen ›Helden‹-Begriff äußerst skeptisch gegenüber. Wie viele andere ethische Formeln bedeutete ihm ›Held‹ nichts Absolutes, sondern etwas Funktionales. Immerhin gestaltete er Galilei auf eine Weise, die ihn in den Augen vieler als überwiegend attraktiv erscheinen lässt. Als Gelehrter ist Galilei nicht etwa

»eine impotente, blutleere, verschrobene Figur«, ein eingebildeter, passiver, wenig lebensfähiger »Gebildeter«, wie man sich heute die »weltfremden, zwitterhaft eunuchischen Wesen der Schullehrer und Wissenschaftler« vorstellt (Mat. 48f.; 86f.), sondern ein Mann voll frischer, großer Gedanken und zugleich voller Leiblichkeit, dem Denkfreude und Sinneslust eins sind, dessen Denken gar als Ausdruck körperlichen Wohlbehagens erscheint; ein vielseitiger, vitaler Weltmann der Renaissance, für den Forschen, Wissen und Lehren nichts Abstraktes, Problematisches, sondern etwas sehr Konkretes, Lebensnahes und Vergnügliches ist. Brecht wollte ihn durchaus nicht »idealisiert« (»Sterngucker, bleicher, vergeistigter Idealtyp!«) sondern »realistisch« dargestellt wissen: »Bei mir ist es ein kräftiger Physiker mit Embonpoint, Sokrates-Gesicht, ein lärmender, vollsaftiger Mann mit Humor, der neue Physikertyp, irdisch, ein großer Lehrer. Lieblingshaltung: Bauch vorgestreckt, beide Hände auf beiden Arschbacken, Kopf zurück, mit der einen, fleischigen Hand dann immer gestikulierend [...]« (Mat. I, 27; II, 44). Was Galilei zum ›Volkshelden‹ macht, ist nicht allein seine Erdverbundenheit, sondern vor allem seine Wissensverbreitung, die auf bisher noch nie da gewesene Weise direkt an die Fähigkeiten und Interessen des Volkes selbst appeliert und eine neue, revolutionäre Weltanschauung in Aussicht stellt. Solange Galilei die gesellschaftlichen Belange des Volkes nicht schädigt, wird ein Materialist ihm seine Skurpellosigkeit, Eitelkeit, List, Lüge, Unterwürfigkeit, Schamlosigkeit, Scharlatanerie oder seinen Opportunismus nicht unbedingt als negativ anlasten – dazu neigen eher die idealisierenden Vertreter von ›Tugenden an sich‹.

Nun kehrt sich nicht nur Galileis geflügeltes Wort »Wer die Wahrheit nicht weiß, der ist bloß ein Dummkopf. Aber wer sie weiß und sie eine Lüge nennt, der ist ein Verbrecher« gegen sich selbst. Nicht nur liefert er im Selbstgericht der 14. Szene das Urteil, dass sein Widerruf Verrat an der Gesellschaft war, sondern Brecht häuft zudem in seinen Kommentaren ein verblüffendes Maß an Negativitäten auf Galilei, um nachdrücklichst zu betonen, »dass der Widerruf ein Verbrechen war und durch ein Werk, so wichtig es sein mochte, nicht aufgewogen« (Mat. I, 37; II, 72). Da hören wir von den rohen, groben, höhnischen, lasterhaften Zügen des eitlen Renegaten, der sich in Gedanken an der »*Größe* seines Verbrechens« gefällt.

»Er hasst die Menschheit fanatisch.« (Mat. I, 33; II, 69) »Seine Verkommenheit zeigt sich in seiner sozialen Haltung; er erkauft sich seinen Komfort (selbst seine wissenschaftliche Betätigung ist nun zu einem Komfort herabgesunken) mit Handlangerdiensten, so seinen Intellekt schamlos prostituierend [...] Seine Selbstanalyse darf unter keinen Umständen von dem Darsteller dazu missbraucht werden, mithilfe von Selbstvorwürfen den Helden dem Publikum sympatisch zu machen.« (Mat. I, 36; II, 71)

Auch keine Sympathien aufgrund seiner Schwächen oder Gebrechen! Brecht will zwischen »Sympathie« und »emotioneller Zustimmung« unterscheiden:

»Die Darstellung des Galilei sollte nicht darauf ausgehen, ein sympathisierendes Sicheinfühlen und Mitgehen des Publikums zu etablieren; vielmehr sollte dem Publikum eine mehr staunende, kritische und abwägende Haltung ermöglicht werden. Er sollte dargestellt werden als ein Phänomen wie etwa Richard III., wobei die emotionelle Zustimmung des Publikums durch die Vitalität dieser fremden Erscheinung erreicht wird.« (Mat. I, 47; II, 84f.)

Der Vergleich mit Richard III., dem größten Bösewicht der dramatischen Weltliteratur, ist vernichtend. Besonders Charles Laughtons Begierde, »zu zeigen, dass das Verbrechen den Verbrecher verbrecherischer macht« (Mat. I, 68; II, 104), trug zur schrecklichen Änderung Galileis »nach dem Kriminellen hin« (Mat. I, 60; II, 97) bei, gab ihm nicht zu billigende hündische, servile und würdelose Züge, ließ seine Sinnlichkeit ans Anstößige, seine Haltlosigkeit ans »Infantile, Bettnässerische« (Mat. I, 67; II, 102) grenzen, demonstrierte scheeles Grinsen, lasziven Spott, hämisches und schnödes Verhalten niedrigster Art und machte ihn zum verkommenen, abstoßenden Sklaven seiner hemmungslosen Gewohnheiten. Auch die brechtschen Regieanweisungen von 1955 lassen keinen Zweifel daran, dass Brecht Laughton zustimmte, wenn er den »Lumpen« zeigte, wenngleich das nicht ganz einfach war:

»Galilei ist gezeigt als ein Mann, der Recht hat, einer der großen Helden der nächsten fünfhundert Jahre, der alle Widerstände niedertrampelt – der aber dann umfällt und zum Verbrecher wird. Das ist eine der großen Schwierigkeiten: aus dem Helden den Verbrecher herauszuholen. Trotzdem: Er ist ein Held – und trotzdem: Er wird zum Verbrecher. Das kann man nicht dem Publikum überlassen. Das muss man herausholen und hoffen, dass es beim Publikum ankommt.« (Mat. I, 121)

Kritiker haben auf die forcierten Widersprüchlichkeiten der Hauptfigur verschieden reagiert. Die westliche Forschung fand Brechts moralische Beteuerungen nicht recht überzeugend, ja sogar verdächtig. Die Legende zu entheroisieren sei eine Sache, Galilei für die Sünden des Atomzeitalters schuldig zu sprechen, eine andere. Selbst wenn man Galilei als entheroisierte Parabelfigur nimmt, so sei die Umsetzung des listigen (wenn auch furchtsamen) Widerstandskämpfers der ersten Fassung, der sich im Sinn von Brechts kommunistischen Lehrstücken ›persönlich‹ auslösche, während sein Wissen ›allgemein‹ weiterwirkt, in den korrumpierten Verbrecher der späteren Fassungen, der höchstpersönlich für die Allgemeinheit verantwortlich ist und »nicht nur sich als person, sondern auch den wertvollsten teil seiner wissenschaftlichen arbeit« zerstört (AJ, 646), recht brüchig. Die Frage, ob spontanes Handeln des Individuums überhaupt in die marxistische Geschichtsdialetik passe, wurde unterschiedlich beantwortet. Die einen preisen das Stück, weil Galilei als negativer Modellfall eine Ideologie bestätigte (Rülicke; Schuhmacher u. a.), die anderen, weil seine schillernde, letztlich positive Persönlichkeit sich jeder Ideologisierung entziehe (Rohrmoser; Esslin u. a.). Der betont soziologischen Perspektive steht die betont menschliche gegenüber – Brecht gestaltete beide, nolens volens. Offenbar gestattet der Text eine vielseitigere Ausdeutung, als eine nach bestimmten Richtlinien festgelegte Aufführung; doch ist es bekannt, dass auch die Zuschauer (in Ost und West) sehr unterschiedlich, oft gegen Brechts Absichten, auf seine Theaterfiguren ansprachen – da steht Galilei nicht allein.

Die Meinungen sind gespalten – auch die Figur Galileis, Idealist und Materialist zugleich, betrachten manche als gespalten zwischen Vernunft und Genuss, indem er das Unvernünftige (Widerruf) tut (bzw. tun muss), um sich seine Sinnlichkeit, sein Leben zu bewahren (Esslin; Sokel; Massberg u. a.). Was widerspruchslos schien (Einheit von Denkfreude und Sinnenlust), zerfällt bei der Konfrontation mit der Folter in extreme Gegenpole. Da er aus Sinnlichkeit denkt und aus demselben Trieb heraus Furcht vor körperlichem Schmerz empfindet, ist seine Stärke zugleich seine Schwäche. Man muss fragen, wie ›rational‹ Galileis ›triebhafte‹ Vernunft letztlich ist; wie verbunden er sich dem Volk (oder das Volk sich ihm) in Wirklichkeit fühlte; welche realen Chancen und Absichten für einen gemeinsamen Kampf gegen die Obrigkeit tatsächlich bestanden; welchen Sinn für Realpolitik der brillante Wissenschaftler und begeisterte Verkünder einer neuen Weltanschauung eigentlich mitbrachte. Taugte der Forscher und Lehrer überhaupt zum sozialen Revolutionär? Kann man ihn verdammen, weil er nicht den Märtyrer spielen wollte oder weil ihn das Wissen um die wirkliche Stärke seiner Position fehlte? Ist er ein Verbrecher, weil er die revolutionäre Theorie lieferte und die politische Praxis nicht schaffte? Galileis Selbstgericht soll wie die Quintessenz des Stücks klingen – es ist gleichfalls eine in persönlicher Sicherheit geäußerte, durch die Umstände relativierte Theorie, die sich erst dann gültig erwiese, wenn sie durch fortdauernde soziale ›Experimente‹ (Geschichte) bewiesen würde – idealisierende Schuldformel und utopischer Aufruf in einem. Schließen sich die vielen widersprüchlichen Aussagen und Verhaltensweisen Galileis nicht gegenseitig aus, sondern ergänzen einander zu einem Gesamtbild seiner Persönlichkeit, so ist auch das Verhältnis zwischen dieser Figur und der Geschichte komplementärer, dialektischer Art: Weder eine anonyme Geschichte noch ein die Geschichte verkörpernder ›großer Einzelner‹ sind alleinverantwortlich für die Menschheitsentwicklung; Verantwortung wird getragen durch das Zusammenwirken aller am Geschichts- und Menschheitsprozess beteiligten, verantwortbaren Individuen (Charbon). Eins unter ihnen ist Galilei, mit all seinen Stärken und Schwächen.

5.4 Die Darstellung der Kirche

»Der dem und jenem bekannte Umstand, dass der Verfasser ein Gegner der Kirche ist, könnte ein Theater veranlassen, der Aufführung des Stücks eine hauptsächlich antiklerikale Tendenz zu verleihen. Die Kirche ist in diesem Stück aber vornehmlich als weltliche Obrigkeit behandelt.« (Mat. I, 35; II, 71). Dieser Satz aus den zahlreichen Bemerkungen Brechts über die Darstellung der Kirche im *Leben des Galilei* weist auf wesentliche Zusammenhänge: Wie Marx betrachtete Brecht ›Religion‹ als ›Opium‹ des Volks und die Kirche, die den Menschen im ungerechten Diesseits ein besseres Jenseits verheißt, als Kollaborateur der herrschenden Ausbeutungssysteme, als Bewahrer des Status quo, und somit als Hemmnis gesellschaftlicher Veränderung. In diesem Sinn war Brecht seit jeher antiklerikal und anti-obrigkeitlich. Hingegen ist sein Verhältnis zum Christentum differenziert und die so häufig von ihm benutzte Bibel gehörte zu seiner Lieblingslektüre – ein gefundenes Fressen für Verfremdungseffekte zum Aufzeigen gesellschaftlicher Widersprüche. Brecht war für ein praktisches Christentum der Brüderlichkeit, Gleichheit und Gerechtigkeit auf dieser Welt, was mit wesentlichen Anliegen des Marxismus durchaus im Einklang steht. Hingegen war er gegen jegliche spirituellen Vertröstungen auf Kosten sozialökonomischer Miseren und bekämpfte schon lange vor seiner Beschäftigung mit Marx ein von den Aposteln ›verfälschtes‹ Christentum weltverleugnender Gottesfurcht, eine Untertänigkeit, die von weltlicher Obrigkeit im Bündnis mit der Kirche ausgenutzt wurde. So spielen die häufig in seinen Stücken auftretenden Vertreter der Religion (z. B. die Erzbischöfe in *Leben Eduards des Zweiten*, der Pagodenbonze Wang in *Mann ist Mann*, Pastor Kimball in der *Dreigroschenoper*, der Heilsarmee-Major Paulus Snyder in *Die Heilige Johanna der Schlachthöfe*, Oberin, Abt und Nonnen in *Die Rundköpfe und die Spitzköpfe*, der Feldprediger in *Mutter Courage und ihre Kinder*, die Götter in *Der gute Mensch von Sezuan* oder der Probst in *Herr Puntila und sein Knecht Matti)* stets eine höchst fragliche Rolle der Geistlichkeit im Gesellschaftsleben. Brechts zahllose Bibelzitate und -anspielungen (auch aus nicht-klerikalem Mund) zielen immer wieder auf die Dekuvrierung der Geist/Materie-Dialektik in einer misslichen Realität.

Im *Leben des Galilei* trägt fast die Hälfte der auftretenden Personen das Kleid der Kirche und es fällt auf, dass es Brecht neben Pauschalurteilen doch auch auf größere Differenzierung zwischen diesen Personen ankam.

»Die kirche (d. h. die obrigkeit) verteidigte die bibellehre ausschließlich, um sich, ihre autorität, ihre möglichkeit zu unterdrücken und auszubeuten, zu verteidigen [...] die kirche trennte diese ›probleme‹ des himmels von denen der erde, festigte ihre herrschaft und erkannte danach die neuen lösungen bereitwillig an.« (AJ, 646)

Da Brecht diese Ideologie der Kirche als austauschbar mit jeglicher praktischer Herrschaftsideologie sah, zog er selbst gern die weltlichen Parallelen: »Der alte Kardinal (in der 4. Szene) kann mit wenigen Änderungen in einen Tory oder einen Demokraten des Staates Louisiana verwandelt werden. Galileis Illusion über den ›Wissenschaftler im Stuhl St. Peters‹ fände mehr als eine Entsprechung in der Zeitgeschichte, die wenig mit der Kirche zu tun hätte.« (Mat. I, 35f.; II, 71) Oder: »typenmäßig sollen die kirchlichen Würdenträger unseren Bankiers und Senatoren« (Mat. I, 47; II, 84), bzw. den »executives eines Chemietrusts« (BBA 648/53) gleichen; oder auch der Vorschlag, im Großinquisitor nicht »das Starre, Konservative, Protzige der kirchlichen Bürokratie« sondern »einen modernen, wendigen, in allen Formulierungen durchaus einleuchtenden Jesuiten zu sehen, einen noch jungen Mann, der dank seiner großen Fähigkeit Karriere machen würde, eine beinahe stendhalsche Figur, nicht ohne ›Sex-Appeal‹« (Mat. I, 86f.).
Solche Hinweise wollen betonen, dass der Kampf Galileis um die Freiheit der Forschung nicht zu einer religiösen Angelegenheit gestempelt werden soll, dass das Stück kein Glaubensdrama ist, denn sonst »würde das Augenmerk in unglücklichster Weise von heutigen reaktionären Obrigkeiten ganz und gar unkirchlicher Art abgelenkt« (Mat. I, 15; II, 52). Brecht geht also nicht näher auf die politisch-ideologischen Schwierigkeiten der Kirche im 17. Jh. ein (Reformation-Gegenreformation, 30-jähriger Krieg u. a.), macht den Papst nicht zum problematischen oder gehässigen Gegenspieler Galileis, verzichtet auf die juristische Seite des Prozesses (z. B. die Fälschung im Protokoll von 1616) und will auch keine billige Satire der weltlichen Interessen hoher kirchlicher Würdenträger, deren Persönlichkeiten den modernen bürgerlichen Politikern allemal vorzuziehen waren (Mat. I, 14f.; II, 51; Santillana, 300). Ja, um es Galilei nicht zu leicht zu machen, sollen Kirchenfürsten (und auch Hofleute) »so positiv wie möglich dargestellt werden« (Mat. I, 87). Brecht hebt hervor, dass die moderne Wissenschaft »eine legitime Tochter der Kirche« war, dass »der größte Astronom des päpstlichen römischen Kollegs, Christopher Clavius, Galileis Entdeckungen bestätigte« und dass unter Galileis Schülern Geistliche waren (Mat. I, 14; II, 51). Auch scheint Galilei in seiner großen Rede (Szene 14) Argumente des kleinen Mönchs mitverarbeitet zu haben (z. B. in der Feststellung: »Eine Menschheit, stolpernd in diesem tausendjährigen Perlmutterdunst von Aberglauben und alten Wörtern, zu unwissend, ihre eigenen Kräfte voll zu entfalten [...]«).
Sollte die Kirche (als Kirche) keinesfalls »gehässig« dargestellt werden, so bedeutete dies auch keineswegs eine »Verbeugung vor der Kirche des 17. oder gar 20. Jahrhunderts [...]« Die »menschlichen Schwächen ihrer Mitglieder« mussten durchaus aufgedeckt werden (Mat. I, 14f.; II, 51f.), vor allem aber ihre herrschaftsbewusste Manipulation ihrer Untertanen (einschließlich Galileis). Dieser Aufdeckung widmete sich Brecht mit Genuss, davon zeugen sowohl Text als auch Aufführungs-Notate, die recht negative Kommentare mit einschließen. Die angestrebte Kritik soll u. a.

auch hervorheben, dass die obrigkeitliche Hierarchie in sich nicht geschlossen sondern gegensätzlich bzw. brüchig ist, was vor allem in der Spannung zwischen Barberini (Urban VIII.) und dem Inquisitor zum Ausdruck kommt, aber auch in der Tatsache, dass der unterste Klerus nicht freier ist als der Bauernstand und dass z. B. der »kleine Mönch« (aus unterster sozialer und kirchlicher Schicht) auf Seiten Galileis steht. Diese Uneinheitlichkeit (Widersprüchlichkeit) soll, wenn nicht bereits die Abstiegsreife der Obrigkeit, so doch die Möglichkeit zum Eingreifen, zum Verändern aufweisen.

5.5 ›Volk‹ und Gesellschaft

Ist die Kirche nicht in ihrem gesamten Spektrum, sondern in erster Linie als Obrigkeit und als Partner des Feudalismus gezeigt, so ist das Volk ebenfalls nicht streng historisch dargestellt, sondern fungiert vor allem als die unterdrückte und ausgebeutete Klasse – wie in allen Stücken Brechts. Im gleichen Maß, in welchem Brecht ein Gegner der Kirche ist, ist er ein Fürsprecher des Volks. In den Arbeiten zur 1. Fassung, die mit den vorausgehenden politischen Lehrstücken noch enger zusammenhing, war Galileis offene und heimliche Zusammenarbeit mit dem Volk und der Widerstand gegen das Regime deutlich und positiv konzipiert. In den späteren Fassungen werden die sozialen Gruppierungen und Konflikte komplizierter, der Begriff »Volk« uneinheitlicher und Galileis Volksverbundenheit und Volkstümlichkeit fragwürdiger (Mittenzwei, 304f.). In seinen Ausführungen zum *Galilei* gebraucht Brecht die kollektiven Begriffe »Volk«, »Bevölkerung«, »Menschen« für die unteren, anti-obrigkeitlichen Gesellschaftsklassen und macht (wie bei der Kirche) auch pauschale Aussagen, z. B.: »Das volk interessierte sich für g[alileis] gestirnlehre ausschließlich, weil es unter der herrschaft der kirche litt« (AJ, 646); das Volk in ganz Europa habe dem großen Wissenschaftler in der Galilei-Legende die Ehre angetan, nie an seinen Widerruf zu glauben (Mat. I, 10; II, 55); aus Mangel an Belehrung wüssten die Menschen zu wenig über ihre eigene Natur, daher helfe ihnen ihr Wissen über die Natur so wenig (Mat. I, 26; II, 53); in Szene 9 sei die Kenntnis der neuen Lehre in der breiten Bevölkerung revolutionär (Mat. I, 64; II, 100) und, laut Walter Benjamin, sei nicht Galilei, sondern das im Stich gelassene Volk der ›Held‹ des Werks (Mat. I, 12; II, 56).
Doch ebenso wie die verschiedenen Vertreter der Kirche sind auch die Volksschichten differenziert dargestellt. In der sozialen Gruppierung am wenigsten profiliert sind Nebenfiguren wie Lakaien, Schreiber, Beamte und Hofgefolge – eher Mitläufer und Schmarotzer als potenzielle Antagonisten des Establishments. Wichtiger in der sozialen Hierarchie dieses Stücks sind Kaufleute, Handwerker, Werftarbeiter, Bauern, Hausfrauen, Fischweiber des Marktplatzes (bzw. der einfache Mann auf der Straße) – und Schulkinder; denn sie sind es, auf deren Vernunft, Neugier und Aktivität Galilei (und Brecht) am meisten vertraut; ihnen soll das Wissen zur Macht verhelfen; sie sind die Hoffnung des neuen Zeitalters; an sie ist der Fortschritt gebunden. Da aber auch das Volk hierarchisch geschichtet und Intelligenz, Lern- und Veränderungsbereitschaft nicht nur bei den Oberen, sondern auch beim Volk unterschiedlich ausgebildet ist, ist das Stück ebenso ein Drama der gescheiterten Volksbelehrung und Kollektivhandlung wie ein Drama des individuellen Versagens.
Entgegen seinen anderen Stücken, in denen wohlhabende Geschäftsleute als Vertre-

ter der Oberschicht vorwiegend negativ dargestellt werden, setzt Brecht in diesem Stück besonders auf die aufstrebende industrielle Mittelschicht als Gegner der Kirche:

»eine neue Klasse, das Bürgertum, hatte nun mit einer neuen Industrie den Plan kräftiger betreten; es handelte sich nicht nur mehr um wissenschaftliche Leistungen, sondern um Kämpfe, sie groß und allgemein zu verwerten. Die Verwertung erfolgte in vielen Hinsichten, musste doch die neue Klasse, um ihre Geschäfte betreiben zu können, zur Macht kommen und eine herrschende Ideologie zertrümmern, die sie daran hinderte. [...] Die neue Klasse nämlich konnte einen Sieg auf jedem Gebiet, auch auf dem der Astronomie, für sich ausnutzen. [...] Der Satz ›Keine Kette ist stärker als ihr schwächstes Glied‹ gilt für Ketten, die binden (wie es die kirchliche Ideologie eine war) und für Transmissionsketten (wie die neuen Vorstellungen über Besitz, Recht, Wissenschaft usw. der neuen Klasse) zugleich.« (Mat. I, 61f.; II, 98)

Die beiden Hauptvertreter dieser »neuen Klasse«, deren progressive Rolle Brecht so betont, sind der selbstbewusste Eisengießer Vanni und der kluge Linsenschleifer Federzoni, der allerdings kein Latein versteht. Doch schreibt Galilei seine naturwissenschaftlichen Traktate nicht mehr auf Latein, sondern in der Volkssprache, eine revolutionäre Neuerung, die von der bürgerlichen Manufaktur in erster Linie aus geschäftlichen, zum Teil auch aus ideologischen, aber noch wenig aus politischen Gründen geschätzt wird. Zeigen Vanni und Federzoni beträchtliche Zivilcourage, so kann man ihre Haltung kaum als wohl organisierte kämpferische Front bezeichnen.

Um wie viel schwieriger die Campagnabauern gegen die Kirche zu revolutionieren sind, versucht der kleine Mönch Galilei in Szene 6 klarzumachen. Auch der Fastnachtsumzug des untersten Volks (in Szene 10) ist keine wirkliche Revolution, obwohl hier die revolutionäre Gestik am stärksten hervortritt. Sogar Galileis Schüler, die ja auch Vertreter des Volks und im Erlernen der neuen Lehren am weitesten gekommen sind, fallen kaum als kämpferische Typen und politische Mitspieler ins Gewicht. Mucius widerruft als erster; Fulganzio kehrt in den Schoß der Kirche zurück; und Andrea verlässt Italien. Es fragt sich, ob man dafür *allein* Galileis Versagen verantwortlich machen kann (wie es auch fraglich ist, ob man *nur* Galilei die Schuld zuschieben soll, dass Descartes seinen Traktat über die Natur des Lichts in die Lade schob).

Am widerspruchsvollsten und politisch noch weniger organisiert als die »neue Klasse« des industriellen Bürgertums erscheint die unterste Volksschicht, die von der oberen Gesellschaft zwecks besserer Ausnützbarkeit bewusst in Unwissenheit gehalten wird. Zwar holt sich Galilei in seinem anfänglichen Optimismus über die menschliche Vernunft seine Beispiele gerade aus der Arbeiterwelt des Bauwesens, der Schiffswerften und der Zeughäuser (Szene 1) und aus dem Alltagsleben der einfachsten Menschen (Szene 3), weil er – teils aus Menschenbeobachtung, teils von sich auf andere schließend – das Denken »zu den größten Vergnügen der menschlichen Rasse« zählt. Und wenn Brecht den Forschungstrieb »ein soziales Phänomen«, dem Zeugungstrieb vergleichbar, nannte (Mat. I, 13; II, 56), so schloss er das »untere« Volk nicht aus. Aber zweifellos unterschätzt Galilei die Unvernunft und Zähigkeit des Aberglaubens gerade auch im einfachen Volk. Darauf wies ihn schon früh sein skeptischer Freund Sagredo hin; aber Galilei selbst teilt ja die Menschen (einschließlich seiner Tochter) in Intelligente und Unintelligente ein; und die Unwissenden, die lieber Gott als dem Bäcker für das Brot danken, nennt er ein »Pack« (Szene 9). Das widerspruchsvollste Beispiel aus dem Volk ist Frau Sarti, die, praktisch und realis-

tisch, Galilei als ›wissenschaftlicher‹ Beweis dient, dass »solche Leute« nach der Wahrheit schnappen, und die doch gleichzeitig (trotz ihres Umgangs mit Wissenschaftlern) ein Musterfall des Aberglaubens bleibt.
Aberglaube (bzw. religiöser Glaube) als Hemmnis des sozialen Fortschritts ist von der ersten bis zur letzten Szene ein Hauptthema des Stücks. Hinsichtlich der verhängnisvollen Kluft zwischen Wissenschaftlern und Volk in unserer Zeit zitiert Brecht Einstein: »Dies kommt von der Tatsache, dass Intelligenz und Charakter der Massen unvergleichlich niedriger sind als Intelligenz und Charakter der wenigen, die für die Gemeinschaft Wertvolles hervorbringen.« (Mat. I, 25; II, 54) Demgegenüber betont Brecht die ungeheure Notwendigkeit der Volksbelehrung zur Erleichterung der menschlichen Existenz. Derartige Wissensverbreitung wird in Galileis langer Schlussrede (Szene 14) zum exklusiven Hauptanliegen der Wissenschaft erhoben. Diese »akademisch« formulierte Forderung wie auch Galileis frühere ›Volksorientierung‹ hindern nicht, dass an seiner *echten* Volksverbundenheit – besonders angesichts seiner Distanzierung vom industriellen Bürgertum und vom unteren Volk des Jahrmarkts und vor allem aufgrund seines Widerrufs – starke Zweifel aufkommen können (wie auch an der konkreten Solidarität des Volks). Wer als Wissenschaftler die Belehrung des Volks nicht konsequent und, wenn nötig: selbstaufopfernd, betreibt, wird nach Brecht zum Volksverräter. So sahen sich Vanni, Federzoni, Andrea und zum Teil auch der Mann auf der Straße verraten, als sich der Wissenschaftler als Spezialist vom Volk trennte; analog fühlt sich das Volk am Tag des Atombombenabwurfs verraten:

»Als die ersten Blättermeldungen Los Angeles erreichten, wusste man, dass dies das Ende des gefürchteten Krieges, die Rückkehr der Söhne und Brüder bedeutete. Aber die große Stadt erhob sich zu einer erstaunlichen Trauer. Der Stückschreiber hörte Autobusschaffner und Verkäuferinnen in den Obstmärkten nur Schrecken äußern. Es war der Sieg, aber es war die Schmach einer Niederlage.« (Mat. I, 75; II, 108f.)

5.6 Sprache

Dass Brecht daran lag, die so unterschiedlichen Figuren seines Schauspiels auch in ihrer Sprache zu typisieren, ist offensichtlich. Der steifen, umständlichen, von Latinismen und Abstrakten beschwerten formellen Rhetorik der altmodischen Gelehrten steht Galileis lebendige, direkte, durch konkrete Beispiele verbildlichte Sprache gegenüber, die auch dem Volk verständlich ist. Natürlich kann er, wenn nötig, mit höfischen Floskeln posieren; doch besticht er, wie sein historisches Modell, durch Klarheit, Logik und Witz seiner Argumente, was seinen neuen wissenschaftlichen Erkenntnissen sprachliche Frische und Überzeugungskraft verleiht. (Übrigens nahm sich Brecht Galileis meisterhafte Prosa nicht nur in diesem Stück, sondern auch in seinen Essays in Dialogform, z. B. *Der Messingkauf*, zum Vorbild.) Ebenso wie sich der Klerus nach Rang, Situation und Interessen sprachlich differenziert verhält (lächerlich, fanatisch, pompös, galant, problematisch, machthungrig, autoritär, reaktionär u. a.), lassen sich für die Vertreter verschiedener Volksschichten Abstufungen eines umgangssprachlichen Realismus von urbaner Redegewandtheit bis zu vulgärer Derbheit aufzeigen.
Doch beachtenswerter als solche allgemeine Charakterisierung (White I, 78-81) ist die Vielfalt, in der das Prinzip des ›Widerspruchs‹ – gemäß der dialektischen Anlage

des Werks – in der gesamten Sprachgestaltung zur Geltung kommt (Grimm II; Pohl). Alle nur erdenklichen Spielarten ›zweiteiliger‹ Sprachstruktur verweisen auf den Grundgestus des Stücks, wie z. B. Parallelen, Analogien, Gegensätze, Inversionen, Verdoppelungen, Spiegelungen, Wiederholungen, Konjunktionen, Paradoxa, Chiasmen u. a., wobei mehrere dieser Formen sich überschneiden oder zusammenwirken können. Die erstrebten Effekte: Einheit aus Zweiteiligkeit bzw. Gegensätze im (oder zum) ›Einheitlichen‹ geben diesen Sprachstrukturen ihre fortschreitende, offene Dynamik.

Solche Zweiteiligkeit kann kausaler, konsekutiver, erklärender Art sein (wie die belehrenden wissenschaftlichen Dialoge in Frage und Antwort, die vielen »denn«, »weil«, »da«, »darum«, »und«, »so«, »also«, »sodass«, »damit«-Verbindungen, die zahlreichen Gleichnisse); oder sie kann kontrastiver, oppositioneller Art sein (wie die zweifelnden, negierenden oder ›umkehrenden‹ Entgegnungen, die häufigen »aber«, »jedoch«, »nicht[kein]/sondern«, »statt«-Konstruktionen, die ständige Antithetik nicht nur zwischen, sondern auch innerhalb von Sätzen und ganzen Textpassagen). Die offensichtlichsten Beispiele kontrastiver Parallelismen sind Höhepunkte wie: »Unglücklich das Land, das keine Helden hat!« [...] »Nein. Unglücklich das Land, das Helden nötig hat« (S. 113f.); oder: »Die Bewegungen der Himmelskörper sind übersichtlicher geworden; immer noch unberechenbar sind den Völkern die Bewegungen ihrer Herrscher. Der Kampf um die Messbarkeit des Himmels ist gewonnnen durch Zweifel; durch Gläubigkeit muss der Kampf der römischen Hausfrau um Milch immer aufs Neue verloren gehen.« (S. 125) Doch in jeder Szene begegnen uns ähnlich gebaute Sentenzen (z. B. »Denn wo der Glaube tausend Jahre gesessen hat, eben da sitzt jetzt der Zweifel«, S. 9; »Keine Rose ohne Dornen, keine Fürsten ohne Mönche«, »Skudi wert ist nur, was Skudi bringt«, S. 18; »Die Tief ist heiß, die Höh'n sind kühl/Die Gass ist laut, der Hof ist still«, S. 99). Überraschungseffekte ergeben sich, wenn das, was als Widerspruch erscheint, keiner ist (z. B. »Wir sind in Florenz und nicht unter korsischen Räubern«, S. 99) oder wenn das, was gewöhnlich als widerspruchslos gilt (etwa Gleichschaltung durch »und« oder Bejahung), sich als gegensätzlich erweist bzw. wenn Gegensätze verbunden werden, weil sie dialektisch zusammengehören (z. B. »Denn die alte Zeit ist herum und es ist eine neue Zeit«, S. 8; oder: »Ich lehrte dich Wissenschaft und ich verneinte die Wahrheit«, S. 122; oder Sagredo sagt: »Du wirst deinen Fleischer bezahlen können, Alter« – worauf Galilei antwortet: »Ja, es wird ihnen Geld einbringen«, S. 24). Zweck all dieser zweiteiligen Satzstrukturen ist es, logische und widersprüchliche Zusammenhänge wissenschaftlicher und gesellschaftlicher Art erkennen zu lassen, Kritik zu provozieren, die Denkfreudigkeit zu schärfen. Auch die Gegenüberstellung von ganzen Textstellen, die den dramatischen Vorgang weitertreiben, und solchen, die reflektierende Kommentarfunktion haben (Rohrmoser, 415-416; Jendreieck, 281-294 u. a.), braucht nicht zu bedeuten, dass letztere als allgemein gültige, überzeitliche Erkenntnisse absolute Gültigkeit davontragen – auch hier ist Wechselseitigkeit und Bedingtheit dialektisch zu prüfen.

Nicht nur die Syntax, auch die reiche Bildersprache des Stücks zielt auf die Einheit von Widersprüchen bzw. die Zweideutigkeit bestimmter Konzepte und illustriert dadurch das problematische Wechselverhältnis zwischen Wissenschaft und Gesellschaft. Polare Leitmotive wie Buch und Milch (Wissen und Nahrung) gehören zusammen; bildhafte Vorstellungen wie Entdeckung, Kreislauf, Trabanten, Milchstraße usw. haben nicht nur kosmische, sondern auch soziale Bedeutung. Auf kontrastiver Ebene fallen besonders die Gegensätze alt-neu (jung), Dunkel (Finster-nis)-Licht, Aberglaube-Vernunft, Glaube-Zweifel, Starrheit (Enge)-Bewegung (Freiheit), kalt-heiß, oben-unten, Morgen-Abend (Nacht), Wissenschaft-Inquisition u. a. in verschiedenen bildhaften Ausprägungen ins Auge, wobei die symbolischen Bildwerte übertragbar sind (z. B. das ›Licht‹ der Vernunft, das ›Licht‹ der neuen Zeit, Galilei als größtes ›Licht‹ Italiens) und in ihr Gegenteil umschlagen können (z. B. von Licht zu Blindheit bzw. Verblendung, von Glaube zu Zweifel, von alt zu jung, von Morgen zu Abend, von oben nach unten – oder umgekehrt). Auf assoziativer Wortspiel-Ebene begegnen uns Doppeldeutigkeiten, die sich auf ganze Wortfamilien erstrecken können (Umdrehung/Revolution, ›Kippernikus‹, ein- und ausrenken, zirkulieren, Ball, sich drehen, rollen, sich kugeln, umringt sein, Kringel usw.). Manche Wortspiele mit ähnlicher Funktion variieren den Grundbegriff in Assoziationskontrasten (wie sehen-glotzen, Fallgesetzt-Fußfall, Maschinen-Machinationen). Umdrehung der ›Gestirne‹ spielt zugleich auf ›Stirn‹, ›Gehirn‹, d. h. ›Denkbewegung‹ an. Wenn Bellarmin »darauf brennt« (S. 70), Galilei dem Kommissar des Heiligen Offiziums vorzustellen, muss man an das Röstfeuer der Inquisition denken. »Unnachahmliche Imitatio« ist ein verfremdetes Wortspiel nach dem antithetischen Muster *contradictio in adjecto*. Eines der eindrücklichsten Bilder ist der Apfel der Erkenntnis: Demonstrationsobjekt, Nahrungsmittel und Symbol des Sündenfalls. Eine der subtilsten Anspielungen ist ein Wortwitz, dessen Pointe in der Betonung liegt: Als die bornierten Gelehrten nicht durchs Teleskop sehen wollen und Cosmo irritiert fragt: »Ist etwas nicht in Ordnung mit meinen Sternen?«, beschwichtigt die ältere Hofdame: »Die Herren fragen sich nur, ob sie auch wirklich, wirklich da sind.« (S. 47) Gesprochen kann das »sie« auch als »Sie« aufgefasst werden – die Existenzberechtigung, der Mediceischen Sterne *und* der Medicis wird somit aus zweifacher Sicht bezweifelt.

Wortspiele und Paradoxa sind Stilmittel der Komödie. Brechts Stücke haben trotz ihres ernsten (jedoch ›vergnüglichen‹ weil belehrenden) Anliegens viel Komödiantisches (Zimmermann, 47-49 u. a.), womit er heuchlerischem Gesellschaftsspiel zu Leibe rückt. Nicht zufällig ist das ›Komödiespielen‹, die Maskerade, der Karneval, der Fastnachsumzug, der Zirkus, das Welt-»Theater«, doppelschichtiges Verhalten (auch in der Sprachgestaltung) ein kontinuierliches Hauptmotiv im *Galilei*-Schauspiel.

5.7 Die ›letzte‹ Szene

Seit Brecht die von ihm selbst beaufsichtigten Bühnenversionen der zweiten und dritten Fassung mit der großen Selbstverurteilung Galileis in der 13. bzw. 14. Szene abschließen ließ, wurde auch in anderen Aufführungen die 15. Szene regelmäßig weggelassen; selbst in der Kritik hat es sich eingebürgert, von der 14. Szene als der ›letzten‹ Szene zu sprechen (Rülicke II u. a.). Es wurde sogar versucht, die in der ersten Fassung noch als ›versöhnlich‹ angelegte 15. Szene zu diskreditieren, entweder, weil sie von der als Höhepunkt empfundenen Selbstkritik Galileis ablenke, oder aber, weil sie gegenüber der 14. Szene nichts Neues aussage. Nur selten begegnet man ausgesprochenen Befürwortern der 15. Szene, so namentlich Brechts Mitarbeiter Hanns Eisler, der sie für »großartig« und »ungeheuer interessant« hielt (Bunge, 257). Tatsache ist, dass die 15. Szene kein ›Anhängsel‹ ist, sondern von Anfang an in

Brechts Konzept gehörte, und dass sie in der letzten Fassung gedruckt, wenn auch kaum gespielt ist – was einer Art Widerspruch zwischen Brecht dem Dichter und Brecht dem Theaterdirektor gleichzukommen scheint.
Hält man sich an Brechts Aussagen über das Stück, so fallen mehrere Aspekte ins Gewicht. Schon in der ersten Fassung bereitete ihm die letzte (d. h. 15.) Szene »die einzigen schwierigkeiten« (AJ, 35). Die Zuschauer sollten sich von der Figur Galilei distanzieren, was unter anderem heißt, dass sie sich auf den Gang der Wissenschaft konzentrieren, wobei Andrea und der Grenzüberschreitung der *Discorsi* eine wichtige Rolle zukommt. Nun scheint Brechts Meinung über Andreas Charakter und Verhalten gegen Ende des Stücks recht abfällig zu sein: Galileis »Willkommen in der Gosse, Bruder in der Wissenschaft und Vetter im Verrat!« reduziert Andrea zum »Geschlecht erfinderischer Zwerge, die für alles gemietet werden können.« Und im Kommentar zu dieser 14. Szene meint Brecht: »Andrea Sartis Schlussbemerkung (dass Galileis ›mörderische Analyse‹ kaum ›das letzte Wort‹ sein könne) gibt keineswegs die Ansicht des Stückeschreibers über Galilei wieder, sondern nur seine Ansicht über Andrea Sarti. Der Stückeschreiber wünscht nicht das letzte Wort zu haben.« (Mat. I, 36; II, 71) Das klingt sehr ironisch, fällt doch auf, wie intensiv Brecht sich in seinen ungewöhnlich ausführlichen Kommentaren zur 14. Szene um »das letzte Wort« bemüht, dem die Kritiker denn auch meist beipflichten. Manche gehen dabei sogar weiter als Brecht, indem sie – undialektisch denkend – den Andrea der 15. Szene unverändert sehen und ebenso verurteilen, wie in Szene 14 (Schumacher II, 290f.; Jendreiek, 267; White II, 75 u. a.), während andere ihn positiv einschätzen (Knust, 240-241; Dickson, 89f.; Knopf, 175). Brecht gab keinen Kommentar zur 15. Szene, insofern ist von seiner Seite allein der Text »das letzte Wort« – das »letzte Wort« über die Einschätzung Galileis hat allenfalls die fortschreitende Menschheit, oder ihre Zerstörung.
Ein solches Befinden liegt also z. T. an künftigen Wissenschaftlern wie Andrea Sarti, z. T. an der künftigen Belehrbarkeit der Menschen. Lässt man die 15. Szene weg, so verweilt der Schlussakzent auf dem Lebensabend eines demoralisierten Helden, der zwar noch glaubt, ein neues Zeitalter sei angebrochen, aber auf seine Frage »Wie ist die Nacht?« nur Virginias zweideutiges »Hell« als abschließende Antwort erhält. Man mag das als Hoffnung oder/und als Ironie deuten: das Licht der Gestirne als Leuchte der Wahrheit oder/und als (evtl. schreckliche) Beleuchtung der Schande – vielleicht als optimistische (wenn auch vage) Zukunftssymbolik. Beschließt die 15. Szene das Stück, so rückt ein zwar immer noch offener, aber weit präziserer, fortschrittlicher Zukunftsaspekt in den Vordergrund: ein Lehr- und Lernmodell der zwar verratenen, aber neu sich formierenden nächsten Generation. Ob Galileis Werk seinen Widerruf aufwiegt oder nicht: Ein wesentlicher Bezugspunkt seines Denkens und Wirkens war von Anfang an die belehrbare jüngere Generation. Das Motiv des Kindes, des Schülers, des verständigen jungen Menschen als Zukunftsträger wird im Verlauf des Stücks vielfach variiert und erscheint auch in Galileis eigener, zuweilen ›kindlicher‹ Naivität, oder in Metaphern wie »Die Wahrheit ist das Kind der Zeit«. Als Andrea in der 1. Szene sagt: »Ich möchte auch Physiker werden«, sieht ihn Galilei »beinahe zärtlich lächelnd an« (Mat. I, 52; II, 89). Bis zum Ende bleibt Andrea (Andreas bedeutet »mannhaft, tapfer«), dem Brecht das legendäre »Und sie bewegt sich doch« (S. 88) in den Mund legt, Galileis Lieblingsschüler und hat, wie die 15. Szene zeigt, auch aus der letzten Begegnung mit seinem Lehrer noch gelernt, dessen Schmährede zugleich Korrektur an Andreas Haltung bedeuten kann.

Galileis Mahnung, dass Andrea beim Schmuggel der *Discorsi*-Abschrift ins Ausland »die gesamte Verantwortung« zu schultern habe, bestätigt einerseits Galileis Feigheit, andererseits aber eben Andreas Vollverantwortung für weitere Entwicklungen. Andreas neue Ethik »Besser befleckt als leer«, die für Galileis Fall untragbar war, wird für Andreas eigene, sehr verschiedene Situation der einzige, zwangsläufige Weg, der noch zu Veränderungen führen kann (»Verschissen ist nicht zerrissen«). Er gibt nicht auf, sondern fängt, die wissenschaftliche und moralische Lehre Galileis mit sich tragend, den Verhältnissen entsprechend wieder von vorn an. Wäre er ein asozialer, ›reiner‹ Wissenschaftler, würde er sich wohl kaum um die alte Marina und die Kinder kümmern. Dass er in der 15. Szene Belehrung für die abergläubische, doch wissensdurstige neue Generation mit Hilfsbereitschaft für die Hungrigen der alten Generation verbindet, entspricht Galileis großem Appell an das soziale Verantwortungsbewusstsein der Wissenschaftler. Außerdem benutzt Andrea beim Schmuggel der *Discorsi* und beim Belehren der Kinder Mut, List und Geschick im Verbreiten der Wahrheit – durchaus im Sinn von Brechts berühmtem Essay. Ferner enthält die 15. Szene so zahlreiche Motiv-Bezüge zu den vorausgehenden Szenen, dass sie mit gleichem, wenn nicht mit mehr Recht als die 14. Szene Zusammenfassung und Weiterführung des ›offenen‹ Stücks im brechtschen Sinn darstellt. Schließlich soll das Schauspiel ja nicht mit einer Lamentation über das Versagen Galileis enden (Groseclose, 376), sondern mit einem Aufruf an die Nachgeborenen, aus den Gegebenheiten – mit dem warnenden und lehrreichen Beispiel vor Augen – das Beste zu machen: »Hütet nun ihr der Wissenschaften Licht / Nutzt es und missbraucht es nicht [...]«

5.8 Deutsche Dramen mit verwandter Thematik

Seit Brechts Darstellung der »Erbsünde« der Wissenschaft richtete sich das kritische Augenmerk öfters auf verwandte Problematik im modernen Drama, vor und nach Hiroshima (Schumacher II, 329–348; Massberg; Weimar; Charbon). Lässt man die internationalen Varianten des Faust-Dramas, dessen strebender Held sich auch wissenschaftlich bemühte, außer Acht, so fällt auf, dass eine wiederholte Dramatisierung der Konflikte des Wissenschaftlers bzw. der durch wissenschaftliche Forschung ermöglichten Vertilgung des ganzen Menschengeschlechts nur in der deutschsprachigen Literatur zu finden ist.

Ein prophetisches Werk ist das von den Materialschlachten und Gaseinsätzen des 1. Weltkrieges beeinflusste expressionistische Drama *Gas* (in zwei Teilen, 1918/ 1920) von Georg Kaiser. Es ist eine Tragödie der Blindheit, eine scharfe Anklage gegen das Maschinenzeitalter, gegen die Vermassung und Entfremdung des Menschen, gegen kollektiven Selbstmord durch den Missbrauch neuer Energiequellen. Kaisers Hoffnung auf den ›neuen Menschen‹ reicht kaum über seine tiefe Skepsis hinaus.

Max Frischs moralisierende Parabel *Die chinesische Mauer* erschien 1946/47, kurz nach den Atombombenabwürfen über Japan; die Neufassung 1955 richtete sich gegen die Möglichkeit der totalen Destruktion durch die Kobaltbombe. Da die völlige Vernichtung der Menschheit technisch kein Problem mehr sei, müsse die sittliche Entscheidung *für* die Menschheit bedeuten, dass die alte Art, Geschichte (durch Kriege) zu machen und sich blindlings oder moralisierend gegen die Folgen zu verschanzen, unmöglich weiterbestehen könne. Doch der »Heutige«, als Verkörperung des modernen Bewusstseins (Intellektueller, Wissenschaftler, Schriftsteller), selber von historischem Ballast ummauert, unfähig, Widersprüche zu lösen, Ironien hilflos ironisierend, wird mit seiner Erkenntnis von niemandem ernst genommen.

Ebenfalls im Jahr 1955 erschien Carl Zuckmayers epischer Bilderbogen *Das kalte Licht,* ein mit großer Wahrscheinlichkeit auf dem Fall des Atomspions Klaus Fuchs fußendes Seelendrama, dessen ›Held‹ westliche Atomgeheimnisse an Russland verrät, um ein Mächtegleichgewicht zwischen West und Ost herbeizuführen. Es ist ein fragwürdiges Stück, das die Schrecken von Hiroshima zwar anklingen lässt, sich aber um die Verantwortung wissenschaftlicher Forschung gegenüber der Menschheit letztlich kaum kümmert, sondern einen ins Private gerückten Gewissenskonflikt eines Mannes beleuchtet.

Hans Henny Jahnns Spätwerk *Der staubige Regenbogen* (auch unter dem Titel *Die Trümmer des Gewissens*), 1961, ist eine von Schrecknissen erfüllte, leidenschaftliche Absage an jegliche Forschung zu Vernichtungszwecken. Ein totgeschwiegener verheerender Unfall im Reaktor, ein Mensch als biologisches Versuchsobjekt, ein aus Rassenwahn geplanter Krieg zur Vernichtung der gesamten Erdbevölkerung außer einer Auslese von Weißen – dies sind Beispiele des Wahnsinns in Jahnns tiefpessimistischer Gestaltung des Themas ›Wissenschaft‹.

Rolf Schneiders halb-dokumentarisches Drama *Prozess Richard Waverly* (1963) behandelt den Fall des Hiroshima-Piloten Claude Eatherly, dessen Sühneversuche für ein Vergehen, an dem er nur zu geringem Teil schuldig ist, an der Gesellschaft scheitern, die ihn für geisteskrank erklärt, damit sie sich nicht mit der eigenen Kollektivschuld auseinander setzen muss.

In Friedrich Dürrenmatts grotesker Kriminalkomödie *Die Physiker* (1962), dem wohl gezieltesten Gegenstück zu Brechts *Leben des Galilei,* beschließen drei Physiker, Wahnsinn vorzutäuschen, um die Welt vor ihrem gefährlichen Wissen zu bewahren. Doch die Leiterin des Irrenhauses hat die simulierenden Wissenschaftler durchschaut und mit ihrer heimlich angefertigten Fotokopie der »Weltformel« hat sie nun, an der Spitze ihres Trusts, die Macht über die ganze Welt in Händen. Was einmal gedacht wurde, kann nicht mehr zurückgenommen werden. Die Idee scheitert an der Wirklichkeit, die sich nicht mehr an Idealen messen lässt. Hilflos ist der Mensch der Panne, dem Zufall, der Katastrophe ausgeliefert.

Heinar Kipphardts szenischer Bericht *In der Sache J. Robert Oppenheimer* (1964) vermittelt anhand dokumentarischen Materials, das von der amerikanischen Atomenergiekommission angestrengte Verfahren gegen den so genannten ›Vater der Atombombe‹ während der Kommunistenhetze der McCarthy-Ära. Oppenheimers Loyalitätskonflikt (gegenüber der ›reinen‹ Wissenschaft, der Regierung, der Menschheit) wirft eine Unzahl von Fragen über die Relativität von Wertsystemen und Instanzen auf, denen sich der moderne Wissenschaftler ausgesetzt sieht. Im Grunde geht es darum, wie weit der Entscheid über Sein und Nichtsein den Politikern, den Militärs, den Forschern oder der Allgemeinheit zukommt und ob von einer Gedanken-, Rede- und Handlungsfreiheit der Wissenschaftler überhaupt noch die Rede sein kann. Kipphardt lässt seinen Bühnen-Oppenheimer einen Erkenntnisprozess durchmachen und ihn am Ende – wie Brechts Galilei – eine recht ›akademische‹ Idealvorstellung über verantwortungsbewusste Verwendung wissenschaftlicher Erkenntnisse zugunsten der Gesellschaft äußern, nur ändert das nichts an der Realität: Oppenheimer wird kaltgestellt; ja, individuelle Skrupel scheinen überflüssig, da »brillante Ideen organisierbar« geworden und »nicht an einzelne Leute gebunden« sind.*

Diese so unterschiedlich gestalteten Vorläufer, Parallelen, Gegenentwürfe und Fortsetzungen der von Brecht im *Leben des Galilei* dargestellten Problematik haben eins gemeinsam: Das durch den Menschen hergestellte bzw. gehandhabte Forschungsprodukt hat eine bislang unvorstellbare, totale Zerstörungskapazität erreicht. Der Verantwortungsdruck ist angesichts katastrophaler Entscheidungen auf ein Höchstmaß gestiegen, der Spannungsbogen der Konflikte reicht bis zu Schizophrenie und verschiedenen Formen von Wahnsinn. Die Ansichten darüber, ob und auf

---

* Vgl. die in der Reihe »Grundlagen und Gedanken zum Verständnis des Dramas« erschienenen Hefte zu Dürrenmatts *Die Physiker* (von Gerhard P. Knapp) und zu Kipphardts *In der Sache J. Robert Oppenheimer* (von Ferdinand van Ingen) (MD-Nr. 6079 und 6078)

welche Weise der Einzelne – insbesondere der Wissenschaftler – für sich selbst oder stellvertretend für die Menschheit noch verantwortlich sein kann, gehen auseinander. Sie reichen von traditionellen moralischen und psychologisierenden Sühnungsvorstellungen über idealistische Aufrüttelung und neue Denkmodelle bis zu fataler Ausweglosigkeit. Die dramatischen Nachfolger von Brechts ambivalentem Helden scheinen sich jedoch durchweg in einer Sackgasse zu befinden. Es stellt sich die Frage, ob solche literarische Evidenz, neben den ominösen zeitgeschichtlichen Entwicklungen, Grund genug ist, Brechts dialektisches Stück einseitiger, pessimistischer zu betrachten.

5.9 Die ›neue Zeit‹: Utopie oder Wirklichkeit?

Die von Galilei euphorisch verkündete ›neue Zeit‹ wird durch seine ›Erbsünde‹ zu einer Art ›verlorenem Paradies‹ geschmälert, aber noch nicht dem Höllensturz gleichgesetzt, obwohl Brecht Galileis Lage mit Dantes *Inferno* vergleicht und obgleich Galileis Vision vom »universalen Entsetzensschrei« den infernalischen Weltuntergang mit einschließt. Auch am Ende glaubt er an eine neue Zeit, wobei es der Nachwelt überlassen bleibt, sie zu verwirklichen. Trotz der Barbarei der Nazi-Ära und der modernen Massenzerstörungstechnik wollte Brecht nicht bloß vom »versunkenen Atlantis« reden; obwohl aus tiefster Enttäuschung über Rückfälle »der vielleicht übertriebenen Hoffnung die vielleicht übertriebene Hoffnungslosigkeit« (Mat. I, 9; II, 49) folgen muss und »das ungeschminkte Bild einer neuen Zeit« (Mat. I, 10; II, 55) »wie eine blutbeschmierte alte Vettel« (1. Fassg., vgl. Schumacher II, 38; Szczesny, 128) aussehen mag, kann der Nacht ein neuer Morgen folgen – aber nicht von selbst, sondern nur durch menschliche Aktivität: »Die glücklichen Zeiten kommen nicht, wie der Morgen nach durchschlafener Nacht kommt.« (Mat. I, 10; II, 50)
Diesem ›bedingten‹ Optimismus Brechts stehen, wie wir sahen, andere Auffassungen gegenüber und immer aufs Neue wird man die Fragen stellen müssen: Wo stehen die modernen Nachfolger Galileis und Andreas? Wo stehen wir? Wie steht es mit dem Gebrauch der Wissenschaften im Dienste der Menschheit? Es ist unbestreitbar, dass die Entdeckungen der ›Helden der Forschung‹ zu ungeahnten Möglichkeiten im Verkehrswesen, in der Telekommunikation, in der Medizin, in landwirtschaftlicher und industrieller Produktivität, in der Nahrungs- und Energiegewinnung usw. geführt haben. Doch ist dieser fast ans ›Utopische‹ grenzende Fortschritt zur Erleichterung der »Mühseligkeit der menschlichen Existenz« bei weitem nicht der gesamten Menschheit zugänglich und wird durch die Kehrseite dieses ›Fortschritts‹, nämlich unvorstellbaren Zerstörungsarsenalen, auf fürchterliche Weise bedroht, was die Frage des Fortschritts zur Frage des Überlebens relativiert.
Obwohl nach der Erschütterung von Hiroshima große Physiker »fluchtartig den Dienst ihrer kriegerischen Regierung« verließen, obwohl es »schimpflich geworden [war], etwas zu entdecken« (Mat. I, 75; II, 109), obwohl ganze Gruppen von Wissenschaftlern in Weigerungs-Memoranda und Protestaktionen – einzelne auch im Alleingang – ans politische Gewissen appellierten, so scheint kaum etwas illusorischer als ein ›hippokratischer Eid‹ verantwortungsbewusster Solidarität. Die Tatsache, dass der Kernwaffenbestand der ›Supermächte‹ bereits alles Leben auf der Erde

mehrfach auslöschen kann (Overkill), dass pro Kopf der Weltbevölkerung über 30 Tonnen konventionellen Sprengstoffs einsatzbereit sind, dass, ganz abgesehen von Mittel- und Langstreckenraketen, die Sprengkraft der von einem einzigen Bomber mitgeführten Nuklearwaffen die Sprengkraft aller im Zweiten Weltkrieg abgeworfenen Fliegerbomben übersteigt, dass selbst beim Ausfall von 99% der Bomberflotten der Rest genügen würde, jeglichen Feind zu vernichten – das alles ändert nichts daran, dass weiterhin ganze Heere von Wissenschaftlern in Staatsdiensten für die Aufrüstung tätig sind, dass ein überwiegender Teil der Staats- und Forschungsgelder rüstungsgebunden ist und dass die Industrie für Kriegszwecke, einschließlich biologischer und chemischer Waffen, eine Art »Goldenes Zeitalter« für Wissenschaftler heraufbeschworen hat (vgl. Mat. I, 18; II, 59; Charbon, 9–45). Das Wettrüsten für die ›Verteidigung der Freiheit‹, für einen Krieg, der unter keinen Umständen stattfinden darf, ist ein ans Schizophrene – oder, in Brechts Worten: an »äußerste Anarchie« (Mat. I, 18; II, 59) – grenzendes Paradox, mit dem die Welt zu ›leben‹, gegen das sie sich zu wehren hat.
Brecht machte für diese Perversion die Isolierung der Wissenschaft, die Trennung des absoluten Spezialistentums vom Volk, die »Unreinheit« (d.h. Verantwortungslosigkeit) der von der »verlumpten Bourgeoisie« erpressten reinen Forschung verantwortlich (Mat. I, 12, 16, 18; II, 56f., 59). Auf der anderen Seite steht der Mangel an notwendigem Wissen im Volk, den Brecht als den »Zustand des untersten Elends« bezeichnet, wo man nicht mehr kalkulierend eingreifen kann, sondern sich nurmehr auf Glück verlässt (Mat. I, 20; II, 61). Über das gesellschaftliche Problem der ›Vorenthaltung‹ bzw. ›Greifbarkeit‹ des Wissens hinaus, bleibt das Problem des Erkenntnisinteresses und verantwortlichen Handelns des Einzelnen, des einzelnen Jedermanns ebenso wie das des großen Einzelnen, bestehen, wobei sich die Frage erhebt, wie angesichts der verfahrenen modernen Situation solche persönliche Verantwortlichkeit wirksam werden kann, ob es sie überhaupt noch geben kann. Brecht bejaht dies, wenn er die Handlungsfreiheit und Alternativen so stark hervorhebt und ausdrücklich betont, *Leben des Galilei* sei keine pessimistische Tragödie (wie aus vorwiegender Orientierung an der 14. Szene etwa geschlossen werden könnte – und wie ja auch die Kritik [z.B. Grimm III; Sokel; Kaufmann] das Tragische bei Brecht nie ganz ausschloss); das ganze Stück (nicht allein die optimistische »Begrüßung der neuen Zeit« durch Galilei in der 1. Szene) zeige »den Anbruch einer neuen Zeit« und versuche »einige Vorurteile über den Anbruch einer neuen Zeit zu revidieren« (Mat. I, 13; II, 50). Dürrenmatt scheint in seinem Gegenentwurf zum *Galilei* aus konträrer Folgerung die Tragödie abzulehnen:

»Die Tragödie setzt Schuld, Not, Maß, Übersicht, Verantwortung voraus. In der Wurstelei unseres Jahrhunderts, in diesem Kehraus der weißen Rasse, gibt es keine Schuldigen und auch keine Verantwortlichen mehr. Alle können nichts dafür und haben es nicht gewollt. Es geht wirklich ohne jeden. Alles wird mitgerissen und bleibt in irgendeinem Rechen hängen. Wir sind zu kollektiv schuldig, zu kollektiv gebettet in die Sünden unserer Väter und Vorväter. Wir sind nur noch Kindeskinder. Das ist unser Pech, nicht unsere Schuld: Schuld gibt es nur noch als persönliche Leistung, als religiöse Tat. Uns kommt nur noch die Komödie bei.« (Dürrenmatt, 122)

Doch heißt es in seiner 17. und 18. These zu seiner Komödie *Die Physiker:* »Was alle angeht, können nur alle lösen« und: »Jeder Versuch eines Einzelnen, für sich zu lösen, was alle angeht, muss scheitern.« (194) – und damit widerspricht er Brecht im Grunde nicht.

Das Problem bleibt. Defätismus würde dem Wahnsinn oder dem Zufall die schlechtmöglichste Wendung überlassen und das Fiasko besiegeln. Verhaltener Optimismus verbunden mit Lernbereitschaft, Verantwortungswille und persönlichem Einsatz können die Hoffnung auf vernünftige gesellschaftliche Prozesse offen halten. Die Welt ist noch nicht abgebrannt, die ›neue Zeit‹ ist noch möglich. Wenn Brecht im Epigramm zur letzten Szene des *Galilei* sagt: »Wir, die wissensdurstig sind / Er und ich, wir blieben dahint‹«, so klingt dies nach einer Verabschiedung seines ›Helden‹ und seiner selbst vor der nachfolgenden Generation. Das »dahint« ruft fast apologetisch zum künftigen ›Bessermachen‹ auf. Die Stelle erinnert an ähnliche Anrufe an die Nachwelt, wie z.B. die Schlusszeilen seines Gedichts »An die Nachgeborenen«: »Ihr aber, wenn es so weit sein wird / dass der Mensch dem Menschen ein Helfer ist / Gedenkt unsrer / Mit Nachsicht.« (GW, IX, 725) Brecht besteht nicht auf seinen Vorschlägen, falls bessere Wege zum ›Hüten‹ der Wissenschaft für Menschheit und Menschlichkeit gefunden werden. »Hütet nun ihr der Wissenschaften Licht/ Nutzt es und missbraucht es nicht / Dass es nicht, ein Feuerfall / Einst verzehre noch uns all / Ja, uns all.«

5.10 Gegenentwurf zum Evangelium

Eine jüngst erschienene Interpretation (Knust, 1985), die sich auf die parabolische Form des Schauspiels (s. 5.1) bezieht und Brechts immer wiederkehrende Konfrontation Christentum-Marxismus anspricht – auch im Ausblick auf die Frage nach einer ›neuen Zeit‹ (s. 5.9) –, argumentiert, dass Brechts Galilei als weltlicher Messias der Vernunft gegen ein Gottesbild des Aberglaubens und der Machtpolitik konzipiert ist; dass zahlreiche Bezüge zur Schöpfungs- und Erlösungsgeschichte seine potenziell gottähnliche Rolle für die Menschheit verdeutlichen; und dass als ›gelobtes Land‹ »das neue Zeitalter«, der Sozialismus, anzusehen sei – zu gewinnen durch die Verbreitung eines Evangeliums des Wissens.

In der ›Darstellung der Kirche‹ (s. 5.4) wurde einerseits auf Brechts Auffassung des von den Aposteln »verfälschten Christentums«, andrerseits auf seine Gleichsetzung Kirche = Obrigkeit verwiesen. Die Entwicklung des Begriffs der »Verfälschung« (oder des falschen Weltbewusstseins) lässt sich besonders in der anthropologischen Religionskritik des 19. Jahrhunderts – über David Friedrich Strauß *(Das Leben Jesu,* 1835), Ludwig Feuerbach *(Das Wesen des Christentums,* 1841), Karl Marx (Religion ist ›Opium des Volks‹) und Friedrich Wilhelm Nietzsche *(Der Anti-Christ,* 1888) – verfolgen. Die Tendenz dieser auch von Brecht aufgenommenen Richtung ist die Forderung einer Rückholung des ins Jenseits projizierten Glücksverlangens des Menschen ins Diesseits – wobei gerade Brecht immer wieder auf Widersprüche in der Bibel bzw. auf ihre widersprüchliche Auslegbarkeit verwies, besonders auch auf die Tatsache (und das ist ein Teil seiner lebenslangen Faszination von der Bibel), dass das Evangelium ja ebenso auf ein menschenwürdiges praktisches Verhalten im Diesseits wie auf Trost im Jenseits deutet.

Im *Leben des Galilei* nun hat Brecht nicht nur ausführlicher als in irgendeinem anderen Stück, einschließlich seines Erstlings *Die Bibel* (1914), die Heilige

Schrift thematisiert (das brachte schon der historische Stoff mit sich), sondern gleichzeitig hat er die Biografie des berühmten Wissenschaftlers (samt ihres parabolischen Modellcharakters für das Verhalten moderner Atomphysiker) als Gegenentwurf zum ganzen Evangelium, zum Leben Jesu, zur Heilsbotschaft Gottes angelegt. Die weit reichende Analogie – der Heilsbringer der Wissenschaft als ›Nachfolger‹, als säkulare Transfiguration des Heilsbringers Christus – erklärt auch Szenen, Figuren und Bilder im Stück, die sich *nicht* aus der Biografie des historischen Galilei herleiten lassen, sondern die Brecht in Anlehnung an das Leben Jesu hinzufügte.

Ein Messias aus ärmlichen Verhältnissen verkündet den Menschen eine neue Heilsbotschaft, die schon von früheren Propheten vorausgesagt wurde. Er bekämpft die Schriftgelehrten; sammelt Schüler um sich; lehrt anhand von Beispielen; spricht in Gleichnissen und Bildern; tut Wunder; gewinnt die Aufmerksamkeit des Volks; wird von der Obrigkeit verfolgt; vom Bösen versucht; von einem vormaligen Gefolgsmann verraten; aus der Provinz in die Hauptstadt beordert; ist Mittelpunkt einer ihn begleitenden Menschenmenge; wird der Ketzerei angeklagt; vor ein Tribunal der herrschenden Macht gestellt; verhört, der Tortur und Agonie ausgesetzt; gerichtet, erledigt und beseitigt; doch seine Lehre wird von seinen Schülern über die Grenze hinaus in andere Länder weitergetragen. Dieses Handlungsgerüst, rein formal gesehen, umreißt wesentliche Ereignisse sowohl im *Neuen Testament* als auch in Brechts *Leben des Galilei.* Wird erst klar, dass Brecht sich hier auf doppelte Weise mit der Bibel auseinander setzt: thematisch durch die Kritik der auf die Heilige Schrift sich berufenden Theologie der christlichen Kirche, strukturell durch kontrastive Analogie zu Figuren, Episoden und verbalen Aussagen des christlichen Evangeliums, so leuchtet auch ein, dass Brechts Anspielungen auf Bibeltexte sehr differenziert ausfallen, zumal die figurale Denkweise auch Querverbindungen zwischen *Altem* und *Neuem Testament* einschließt.

Wenn Galilei (thematisch) wissenschaftliche Wahrheit gegen verfälschte theologische Wahrheit setzt und Brecht (figural) dem Galileo eine Messiasrolle zuweist, setzt Wissenschaft auch eine biblische Botschaft frei – und das kann nach Brecht nur ein ›heileres‹, d. h. gerechteres und lebensfroheres Diesseits sein: ein neues Zeitalter, »in dem zu leben eine Lust ist«. Wissen macht gottgleich und seit der Renaissance weigerte man sich, den Apfel der Erkenntnis (den Galilei so lehrreich appliziert) *nur* als Symbol des Sündenfalls zu betrachten. Doch zeigt Brecht *auch* den Sündenfall der Wissenschaft durch Missbrauch der ›Heilslehre‹ – analog zur verfälschenden Theologie.

Mit anderen Worten: Als ›marxistische‹ Parabel der Wissensverbreitung ist *Leben des Galilei* nicht nur eine säkulare Korrektur am Evangelium (insbesondere an der Glaubensverbreitung der Apostelgeschichte), sondern ist aufgrund der Analogie (Transfiguration) auch an das Hoffnungspathos der Präfiguration gebunden und speist sich aus der Humanität des kritisierten, doch unvergesslichen Modells. Aber durch Verrat, Ausverkauf und Prostitution der ursprünglichen christlichen *und* kommunistischen Verheißung seitens der jeweiligen ›Apostel‹ der Heilslehren an Machtapparate jedweder Obrigkeit bleiben die Heilsbotschaften ohne die erhofften sozialen Konsequenzen und stehen vielmehr vor Apokalypse und ›Feuerfall‹. Diese Analogie meint keineswegs eine gegenseitige Ausschließlichkeit von Christentum und Kommunismus, sondern ihre Dialektik provoziert vielmehr eine Besinnung auf Gemeinsamkeiten und deren praktische Verwirklichung. Wo man sich einander nähern kann – die einen aus dem Glauben, die anderen aus dem Wissen –, ist es im Bereitsein zur innerweltlichen Tat in einem unvollkommenen Zukunftsplan.

6 Rezeption: ausgewählte Zitate aus der Literaturwissenschaft

In der Rezeptionsgeschichte der Stücke Brechts ist wohl kein anderes umstrittener als *Leben des Galilei,* zumal für Ost und West die autobiografischen Elemente in diesem Schauspiel besonders triftig erschienen. Betonte die Forschung der DDR vor allem den politischen Lehrcharakter der verschiedenen Fassungen, so sahen westliche Kritiker häufig Diskrepanzen zwischen Doktrin und dichterischer Wirklichkeit. Nach und nach kamen auch differenziertere Stimmen zu Wort, die zunehmend auf die Text- und Strukturambivalenzen hinwiesen. Zur Illustration der im vorausgehenden Kapitel behandelten Probleme seien einige charakteristische Beispiele unterschiedlicher Deutungen auszugsweise im Wortlaut wiedergegeben:

»Galilei verlässt den Kampf, er übergibt die Ergebnisse seiner Forschung den Herrschenden, ›sie zu brauchen, nicht zu brauchen, sie zu missbrauchen, wie es ihnen gefallen mag‹. Und Galilei verurteilt sein Versagen: ›Wer die Wahrheit nicht weiß, der ist bloß ein Dummkopf. Aber wer sie weiß und sie eine Lüge nennt, der ist ein Verbrecher.‹ Doch nicht weniger als sich selbst verurteilt Galilei eine Gesellschaft, die ihm zumutet, für die Wahrheit mit dem Leben zu zahlen, eine Gesellschaft, in der die Produktivität sich gegen den Produzierenden kehrt, in der die Leistung zum Verbrechen wird. Galilei ist der ›Zumutung‹ nicht gewachsen (was ihn nicht hindert, es von seinen Schülern zu erhoffen), aber seine Anklage gegen die Gesellschaft bleibt. Der Widerspruch ist nicht individuell lösbar, sondern nur gesellschaftlich und in Kämpfen, er ist nicht lösbar in einer Klassengesellschaft, sondern nur durch deren Überwindung.«

(*Käthe Rülicke:* ›Leben des Galilei‹. Bemerkungen zur Schlussszene [1957], S. 321)

»Im Versagen des Galilei zeigt sich ein fundamentaler Mangel der marxistischen Geschichtsdialektik. Die materialistische Geschichtsauffassung ist prinzipiell unfähig, eine Ethik des politischen Handelns hervorzubringen. In ihr sind Situationen nicht vorgesehen, in denen der spontane Einsatz des Einzelnen gefordert ist, um der Bewegung der Geschichte eine Richtung auf das humane Telos hin zu verleihen. Galilei verrät nicht den Materialismus, sondern sein human-gesellschaftliches Anliegen, gerade weil er Materialist auf eine konsequente Weise ist. Daher die Zweideutigkeit, in der seine Gestalt im Stück erscheint. Es kann als Anklage wie als Verteidigung aufgefasst werden.«

(*Günther Rohrmoser:* ›Das Leben des Galilei‹ [1958], S. 417)

»Auch Galilei ist ein Genie. Auch er ist ein sinnlicher und gefräßiger Mensch. Aber sein mächtigster Trieb ist der Drang nach Wissen. Für ihn ist die Entdeckerfreude der größte sinnliche Genuss. Hier rührt Brecht an die Wurzel des Problems: denn hier erkennt er, dass die rationalste aller menschlichen Tätigkeiten, die Wissenschaft selbst, letztlich auch nur ein triebhafter Drang, ein aus dem Unterbewusstsein des Menschen hervorquellender irrationaler Instinkt ist, ebenso grundlegend und übermächtig wie der Zeugungstrieb. Um diesem Trieb, dem Drang nach Wissen, frönen zu können, ist Galilei bereit, die niedrigste Handlungsweise anzuwenden [...] Galilei wird zum Verbrecher, weil er aus Feigheit die Tradition der Unterwerfung des Wissenschaftlers unter die staatliche Obrigkeit begründet, eine Tradition, die in Brechts Augen später dazu führte, dass die Wissenschaft der Obrigkeit für ihre engen, realpolitischen Ziele die Atombombe zur Verfügung stellte, ohne sich ihrer eigenen moralischen Verantwortung bewusst zu werden.«

(*Martin Esslin:* Brecht. Das Paradox des politischen Dichters [1959], S. 351f.)

»Ich unterschätze gar nicht die Rolle der Persönlichkeit in der Geschichte. Aber wir müssen doch einsehen, dass Fälle, wo ein einzelner Mann Umwälzungen der Gesellschaft verzögert oder beschleunigt, wenn überhaupt, ganz selten vorkommen [...] Und wenn Brecht, um besonders gut die Herzen der Atomkundigen zu treffen, den Galilei zu einer solchen Auslöser-Persönlichkeit hochmogelt, dann verkündet er keine geringere Absurdität, als dass das moralische Bewusstsein des Herrn Galilei das Sein der Welt bestimmt habe. Er, Brecht! Und ich kann mir nicht helfen: Diese rein wissenschaftliche Unstimmigkeit reicht aus, um mir die Freude an einem so glänzend gemachten Stück ganz zu verleiden.«

(*Peter Hacks:* Literatur im Zeitalter der Wissenschaften [1959], S. 20f.)

»Je sorgfältiger man die Sprache und Struktur der brechtschen Dichtung untersucht, desto deutlicher erweist sie sich als das beherrschende Prinzip. Erinnern wir uns, was der Theoretiker Brecht unter Verfremdung verstanden wissen will: Die Vorgänge erhalten den Stempel des Auffallenden, Ungewöhnlichen; sie werden *merk-würdig, frag-würdig* gemacht. Das gelingt, wie wir sahen, durch eine Fülle von überzeugenden Kunstmitteln. Kontraste werden schroff nebeneinander gesetzt. Ein gleicher Vorgang wiederholt sich unter veränderten Umständen. Doppelte Sehweise enthüllt widersprüchliche Züge am betrachteten Objekt. In beiläufiger Redeweise werden die ungeheuersten Aussagen gemacht, als wären sie völlig selbstverständlich; umgekehrt erhält ein belangloser Inhalt übertriebene Bedeutung. Der Autor behandelt Falsches scheinbar als richtig. Phrase und ungeschminkte Meinung erscheinen im selben Satz. Reden und Tun, Form und Inhalt widersprechen einander. Eine Erwartung, die etwas Gewohntes bereits vorweggenommen hat, wird enttäuscht. Zwischen vorgeprägten Mustern, sei es der Handlung oder der Sprache, und ihrer neuen Anwendung entstehen Spannungen. Musik, Bild und Wort verfremden einander wechselseitig; ja sogar innerhalb der Songs wirken Text und Musik im entgegengesetzten Sinne. Hier liegt der eine Ursprung der Verfremdung: im *Erzeugen einer inneren Spannung*, die aus der Erkenntnis der Widersprüche erwächst und vor allem in den Bereich der sprachlichen Gestaltung gehört.«

(*Reinhold Grimm:* Bertolt Brecht. Die Struktur seines Werkes [1959], S. 72)

»Diese grundverschiedene Haltung Galileis zur bürgerlichen Klasse in den beiden Fassungen lässt aber auch den Vernunftglauben Galileis in verschiedenem Lichte erscheinen. Die ungenügende Verbindung Galileis zum Volk in der zweiten Fassung, ja, seine brüske Abweisung des fortschrittlichen Bürgertums geben dem Vernunftgedanken Galileis im Gegensatz zur ersten Fassung etwas Halbes, Illusionäres, Verschwommenes. Die Vernunft ist für ihn zwar die schöpferische Kraft des Volkes, da aber in der zweiten Fassung die konkrete szenische Umsetzung fehlt, die Handlung sogar einen gegensätzlichen Akzent erhält, bleibt sein Vernunftgedanke nur rhetorisch. Galileis Handlungsweise zeigt, dass er seine Vernunftauffassung nicht bis zu Ende gedacht hat, dass er nicht zum Kern vorgestoßen ist und nicht die Kraft der zukunftsträchtigen Klasse als das Entscheidende zu sehen vermag.«

(*Werner Mittenzwei:* Bertolt Brecht. Von der ›Maßnahme‹ zu ›Leben des Galilei‹ [1962], S. 305f.)

»Wenn der Gelehrte vor dem geschichtlichen Augenblick und vor seiner Wissenschaft versagt, wie im Falle Galilei, setzt sich dann die neue Zeit trotzdem durch? Brecht scheint es zu meinen, die Geschichte hat es bestätigt. Dass er im Entwurf eines Vorwortes zum *Leben des Galilei* den Widerruf des Mannes aus Pisa für die wachsende Isolierung der Wissenschaft vom Volk verantwortlich macht, bedeutet kein wirkliches Argument. Hier setzte sich der Verdinglichungsprozess der bürgerlichen Gesellschaft durch und hätte sich durchgesetzt auch ohne Widerruf des Galilei. Selbst aber wenn Brechts Thesen im Zeitalter des Galilei noch berechtigt sein mochten, das immerhin im Zeichen einer Emanzipation des Individuums stand, so bleibt die Frage nach der parabolisch-didaktischen Bedeutung der Brecht-Thesen im 20. Jahrhundert. Brecht glaubt an die Möglichkeit verantwortungsvollen Handelns: nicht bloß im Jahrhundert des Galilei, sondern auch in der Lebenszeit des Bertolt Brecht. Trotzdem sprach er selbst andeutungsweise davon, dass Heldentum einen prekären Begriff darstelle und daß das Galileistück keine Tragödie sei.«

(*Hans Mayer:* Brecht und Dürrenmatt oder Die Zurücknahme [1962], S. 63)

»Die ideelle Problemstellung des *Galilei*-Stückes entsprach nur bedingt den historischen Umständen. Zu Recht ließ Brecht seinen Galilei bewusst sein, dass eine neue Zeit angebrochen sei und dass er sie repräsentierte. Der historische Galilei gebrauchte und verteidigte die Vernunft und glaubte an ihre Stärke und Unwiderstehlichkeit wie der Galilei des Stückes, aber sein Vernunftbegriff hatte auch eine metaphysiche Komponente, die in dem Stück nicht zur Geltung kommt. Brecht säkularisierte, profanierte die historische Auseinandersetzung zwischen Glauben und Wissen, in der Galilei so heftig engagiert war. Dadurch wurde die subjektive Entscheidung Galileis der individuellen Tragik beraubt. Brecht schrieb Galilei gesellschaftspolitische Einsichten und Folgerungen zu, die der historische Galilei nicht hatte und haben konnte. Galilei ist in seiner Darstellung nicht nur Aufklärer, sondern sozusagen einer der Vorläufer des wissenschaftlichen Sozialismus.«

(*Ernst Schumacher:* Drama und Geschichte. Bertolt Brechts ›Leben des Galilei‹ und andere Stücke [1965], S. 66)

»Das Stück ist so angelegt, dass die Widersprüche sich nicht nur nicht auflösen, sondern im Gegenteil sich verschärfen und zuspitzen. So kann auch keine Rede davon sein, dass sich eine Lösung anzeigt, die, wie K. Rülicke meint, in der Überwindung der Klassengesellschaft läge. Wenn das Stück überhaupt die Herausschälung einer ›Lehre‹ zulässt, dann kann es nur die Forderung sein, dass – wiederum im Gegensatz zu der Auffassung K. Rülickes – der Einzelne (Wissenschaftler) sich seiner Verantwortung gegenüber der Gesellschaft bewusst ist und auch ihr gemäß handelt und dass die Gesellschaft sich eine politische Ordnung geben sollte, die die Freiheit der Meinung und der Forschung gewährleistet. Gleichwohl stellt diese ›Lehre‹ immer noch eine grobe Vereinfachung der komplexen Wirklichkeit des Ganzen dar; denn die widersprüchliche Natur des Menschen, wie sie sich in Galilei repräsentiert, ist ebenso wenig aus der Welt zu schaffen, wie der Gegensatz zwischen dem großen Einzelmenschen und dem beharrenden Mittelmaß seiner Zeit.«

(*Werner Zimmermann:* ›Leben des Galilei‹. Interpretation und didaktische Analyse [1965], S. 21)

»Brechts Werk ist auch beim Galilei meilenweit vom deutschen Idealismus, von Goethe und vor allem Schiller entfernt. Nicht zwischen Idee und Realität, sondern in der Widersprüchlichkeit der Realität selbst sind Brechts Menschen eingespannt. Die Widersprüchlichkeit in der Realität löst Bewegung aus, wissenschaftliche, soziale, politische Bewegung; Fortschritt ist das Signum des Geschichtlichen in Brechts Sicht. Der Mensch bildet sich, indem er sich ändert, individuelle Veränderungen sind verhakt in gesellschaftliche. Größer als Galilei ist die neue Zeit, die er – fördernd und hemmend – mit heraufführt. Brechts *Galilei* kann keine Tragödie sein – denn unter so viel Schmerzen und Rückschlägen die neue Zeit auch heraufkommt: Sie ist nicht aufzuhalten.«

(*Henning Rischbieter:* Bertolt Brecht [1966], Bd. II, S. 19f.)

»Galilei unterwarf sich der Gewalt, Brecht suchte freiwillig die Unterwerfung. Galilei war ein hartnäckiger Individualist, Brecht ein sozialer Musterschüler. Aber Galilei war als Empörer gegen die Obrigkeit, nicht nur Gegenpol Brechts – er war als einer, der seine Kunst heimlich, wie ein Laster betrieb, auch Identifizierungsobjekt. Die immer schärfer herausgearbeitete Charakteristik Galileis als eines Fressers und Zynikers, der das Leben seiner Tochter zerstört, ist nur verständlich, wenn man sie als – unbewusst-bewusstes – Selbstporträt des Autors sieht. Brecht selbst hat sich als Genüssling und Zyniker gesehen, dessen soziales Wohlverhalten den privaten Anarchismus verbarg – ein Individuum, dem es um sein ganz persönliches Wohlbefinden ging und das die ganzen pompösen politischen und ästhetischen Ideale nur benützte, um sein privates Lebenskonzept abzusichern und durchzusetzen.«

(*Gerhard Szczesny:* Das Leben des Galilei und der Fall Bertolt Brecht [1966], S. 97)

»Dieser verfremdende Blick macht es Galilei möglich, die eigene Zeit zu objektivieren, sodass ihm ›die Mönche im Collegium Romanum zu Fossilien‹ werden [...] Er tut also das, was Brecht als wesentliche Leistung der Historisierung entwickelt hat: Er verwandelt die Gegenwart in eine doppelte Zeitebene und erlebt sie damit bereits als Geschichte, er übersteigt sie in die Zukunft hin. Das äußert sich vor allem darin, dass er die neue Zeit als neue Zeit, d.h. in ihrer historischen Bedeutung zu erleben vermag [...] und deutlicher noch in der Selbstverurteilung [...] in der er sich aus der Perspektive der Atombombe versteht. Der historische Abstand zwischen der Aktualität der Gestalt und der Aktualität des Stückes ist in der Figur aufgehoben. Damit ist Galilei keine historische Person mehr, sondern eine Parabelfigur [...] Allerdings ist es ein Extremfall der brechtschen Parabel, denn in ihm sind die Idee (damit auch die Aktualität), die Verfremdung und weitgehend auch das Epische in die Figur selbst hineingenommen; Galilei deutet seinen Fall, verfremdet ihn damit zur abstrakten Erkenntnis und übernimmt, indem er sein eigenes Verhalten beurteilt, die Rolle des Erzählers [...].«

(*Klaus-Detlef Müller:* Die Funktion der Geschichte im Werk Bertolt Brechts [1967], S. 209f.)

»Nicht als anonymes Zahnrad im Räderwerk der Geschichte erhält Galilei eine historische Rolle zugewiesen (dann eignete er sich nicht zum exemplarischen Fall), sondern als verantwortlich handelndes Individuum. In scharfem Gegensatz zum absurden und grotesken Theater unserer Zeit, zu unter sich so gegensätzlichen Autoren wie Beckett, Dürrenmatt und Handke, aber auch zu Brechts eigenem Frühwerk, den Lehrstücken und selbst einigen der ›großen‹ Dramen (›Mutter Courage und ihre Kinder‹, ›Der gute Mensch von Sezuan‹) wird das Individuum wieder in seine Rechte und Pflichten eingesetzt, wenn auch nicht als der große Einzelne, der aus sich und für sich besteht, sondern als Teil eines größeren Ganzen: ›Nicht ich, die Vernunft hat gesiegt‹: die geschichtliche Gesamtbewegung, der sich der Einzelne zu unterwerfen hat. Trotzdem kann aber ›der Sieg der Vernunft [...] nur der Sieg der Vernünftigen sein‹: Die Geschichte bedarf, um sich zu verwirklichen, des Individuums, das in freier Entscheidung das leistet, was geschichtlich notwendig ist. [...] ›Leben des Galilei‹ markiert somit den Übergang vom Weltanschauungstheater, das auf die rechte Gesinnung zielt, zum politischen Theater, das zum rechten Handeln aufruft.«

(*Rémy Charbon:* Die Naturwissenschaften im modernen deutschen Drama [1974], S. 130f.)

»Dem wissenschaftlichen Neuen Sehen geht das ästhetische Neue Sehen parallel: *dem glotzenden Zuschauer der aristotelischen Guckkastenbühne wird das Neue Sehen reflektierend gelehrt:* die wissenschaftlichen Experimente werden als Bühnenexperimente vorgeführt, die Möglichkeiten der Personen zu agieren werden aufgewiesen, nicht von vornherein bestimmt und in Notwendigkeit festgelegt: Galilei hat die Möglichkeit zu widerrufen, er ist frei, seinen Spielraum zu nutzen, seine Rolle ist nicht vom Welttheater bestimmt, er könnte nach sich selber sehen; die Figuren der alten Schauspielmetapher werden aus ihren Rollen befreit wie die Figuren des Schachspiels, das Galilei mit neuen Zügen spielt [...]; und zugleich werden den alten Gewalten die Masken abgerissen (Karneval!), die ihre wirklichen Züge, ihre wirklichen Interessen verdecken: Der Zuschauer wird, indem Brecht ihn aktiviert und an der Fröhlichkeit des Entdeckens teilhaben lässt, in die Rolle der Schüler Galileis gedrängt, die neu sehen lernen: Die Wissenschaft ist in Kunst umgesetzt, ihre Erkenntnis ist ästhetisch realisiert.«

(*Jan Knopf:* Brecht Handbuch. Theater. Eine Ästhetik der Widersprüche [1980], S. 176)

»Was lässt sich aus Brechts ›Transfiguration‹, ›Anamnesis‹, ›Memoria‹, verfremdender Historisierung oder wie immer man seinen Gegenentwurf, seine Adaption gegen den Strich, qualifizieren will, folgern? Gewiss keine wertfreie, rein ästhetisierende ›Parodie‹ im Sinn der ziolkowskischen Typologie – eher noch eine Affinität zum ›mythischen‹ Heilsbringer revolutionärer Prägung – man muss ihn ja nicht gleich ›Kamerad Jesus‹ nennen, besonders nicht, wenn er einen im Stich ließ, ›the God who failed us‹, wie man es in Anlehnung an Richard Crossmans bekanntes Buch über desillusionierte Konvertiten der marxistischen ›Religion‹ ausdrückte. Aber das macht Galilei auch nicht einfach zum Anti-Christen im theologischen oder im nietzscheschen Sinn, obwohl etwas Dionysisch-Pan-haftes in dieser vitalen Renaissance-Figur steckt. […] Galilei selbst verband Glauben mit Wissen – er glaubte an die sanfte Gewalt der Vernunft über die Menschen [und er glaubte an die praktische Vereinbarkeit biblischer und wissenschaftlicher ›Heils‹-Lehre, H.K.]. Und wenn der tatbereite Andrea am Ende sagt: ›Wir wissen bei weitem nicht genug […] Wir stehen wirklich erst am Beginn‹, so verstünde er sich gewiss mit einem tatbereiten Bruder, der im Sinne des Jakobus antwortete: ›Wir glauben bei weitem nicht *genug*. . . Wir stehen wirklich erst am Beginn‹.«

(*Herbert Knust:* Brechts Galileo-Evangelium [1985], S. 224 f.)

»Offensichtlich ist Galilei […] nicht nur Wissenschaftler und Intellektueller, sondern auch Künstler, wie Brecht selber. Das Neue, das er bringt, verteidigt und verrät, wäre Grund für die Gesellschaft, aufzuleben und zu hoffen; Grund, glücklich, kämpferisch, erfinderisch, wahrheitsgetreu und hochherzig zu sein; Grund, sich gegenseitig zu lieben und zu respektieren. Die Niederlage der Virginia, der jungen Verlobten, die auf dumme, achtlose Weise ins bittere Zölibat und in die Einsamkeit zurückgestoßen wird, ist auch die Niederlage einer Epoche. Gewiss setzt Andrea den Kampf und seine Studien fort. Er verkörpert die direkte Verbindung zu Galilei, dessen Weiterführung. Aber er muss erst lernen weiterzuleben und wir müssen das mit ihm, mit Galilei, und über dessen Leben hinaus: mit und gegen Politik, Bürokratie, Kapitalismus, Priestertum, Apparatschiks, Polizei und Spionage. Wir leben in dieser Dauer von Schwierigkeiten. *Leben des Galilei*, ein Roman, trifft sich mit unserer Gegenwart, beleuchtet sie, ohne sie zu befreien. Nacht fällt auf Deutschland und Europa, eine Nacht, in der es noch von galileischer Hoffnung leuchtet, aber Nacht. – Sind wir heute, 1990, ans Ende dieser Nacht gekommen? Dämmert endlich der Tag im Osten? Wollen die weniger gebildeten und weniger aufgeklärten Nachfolger der Barberinis und Bellarmins uns glauben machen, dass das von Brecht und so vielen anderen erhoffte Ende der Tyrannei alle Herrschsucht beendet, weitere Kriege erübrigt und uns vom Atomzeitalter befreit hat? Darf der Gelehrte dem Mächtigen endlich das ›Nein‹ bieten? Können Dichter und Künstler rechtens eine neue Zeit verkünden? Kann Faust etwas anderes sein als Paria und Komplize zugleich? […] Wie reagieren wir? Mit Sympathie für Galilei – oder mit Kritik an ihm? Die Zuschauer kommen kaum umhin, an seinen Hoffnungen und seiner Furcht, seinem Enthusiasmus und seiner Pein teilzunehmen. Zwischen Brechts anti-aristotelischer Theorie und der Realität seiner Stücke gibt es oft beträchtliche Lücken […] Die weitgehende Zweideutigkeit dieses Galilei fördert die Reflexion; und diese Zweideutigkeit ist auch die unsere. Seien wir nun Fürsprecher oder Gegner von Marktwirtschaft, kapitalistischer Umformung, Oktoberrevolution, Sozialismus, Nationalsozialismus, Stalinismus oder den Rebellen des Ostens – *Leben des Galilei* konfrontiert uns mit unserer modernen Schizophrenie. Wer wäre nicht schon gleichzeitig oder nacheinander Andrea und Galilei, Barberini und Bellarmin, Clavius und Virginia, Kapitalist mit Zylinder und Moritatensänger, Einstein und Giordano Bruno gewesen? Weil die Geschichte uns von einem zum anderen geschaukelt, unsere Hoffnungen frustriert und uns gnadenlos ihrer Offenbarung überantwortet hat? Nicht dass sie sich alle gleich wären – weit gefehlt! Aber wer könnte behaupten, dass er stets und bewusst auf Seite der Wahrheit, des Guten und des Muts stand? Wer könnte versichern, dass er nicht schon einmal mindestens so weit wie Brecht oder Galilei in die Irre ging? Dass er nicht schon, im Namen von Opfern, Henker unterstützte? Oder im Namen der Hoffnung Verzweiflung nährte? Lermontovs Held, ein zynischer Don Juan, scheint zu wissen, dass wahre Helden nicht existieren […] Wir müssen in diesem alten müden aber nicht besiegten, schwachen aber immer noch hoffnungsvollen Mann [Galileo] den paradoxen Bruder jenes Don Juan, den wahren Faust von heute erkennen: ein Held unserer Zeit.«

(*Pierre Chartier:* Un héros de notre temps: le »Galilée« de Brecht [1990], S. 166-169 – aus dem Französischen übersetzt von H. Knust. Chartier bezieht sich u. a. auf die Pariser Aufführung von 1990 [s. o., S. 90 f.] – und auf Michail Ju. Lermontovs Roman »Ein Held unserer Zeit«, erschienen 1840.)

7 Theatergeschichte: Auswahl aus Theaterkritiken

Aus der weit verzweigten Theatergeschichte des Stücks seien den ausgewählten Rezensionen einige allgemeine Beobachtungen vorangestellt.
Schon bei Fertigstellung der 1. Fassung dachte Brecht ans amerikanische Exil und an eine Aufführung des *Galilei* in New York City. (Das mag z.T. die ›konservativere‹ Technik dieses Stücks erklären.) Die im konventionellen Stil gehaltene, erfolgreiche Uraufführung in Zürich (1943) suggerierte den Zuschauern (besonders den vor dem Faschismus geflüchteten) durchaus die Analogie zwischen Inquisition und Gestapo, zwischen Galileis heimlicher Arbeit und der Tätigkeit der Widerstandskämpfer. Die Aufführung der 2. Fassung in Beverly Hills und New York City (1947) ließ die Parallele zwischen Galilei und dem Verhalten der Atomwissenschaftler deutlich genug erkennen, doch gingen nur wenige Kritiker darauf ein; die meisten Rezensenten stießen sich an der undramatischen Struktur des Stückes. Brecht, der die Leistung Laughtons ausführlich würdigte *(Aufbau einer Rolle)*, sah in der schlechten Presse ein Symptom der Organisationsform des amerikanischen Theaters – nicht seines eigenen Stücks, das vielmehr »als Exempel eines Theaters betrachtet werden [müsse], das unter anderen politischen und ökonomischen Verhältnissen möglich sein könnte« (Mat. I, 77; II, 111).
Die Verhältnisse im Nachkriegseuropa boten nicht sogleich die gewünschten Möglichkeiten. Brecht geriet zwischen die Fronten des Kalten Krieges. Als die Amerikaner ihm das Visum für die amerikanisch besetzte Zone Deutschlands verweigerten, reiste er über Prag nach Ostberlin. In Westdeutschland und Österreich kam es aus Opposition gegen kommunistische Unterdrückungsakte (Berliner Blockade, 17. Juni 1953, Mauerbau 1961) zu einem langjährigen Boykott von Stücken des Marxisten Brecht. Aber selbst in Ostberlin, wo ihm das Theater am Schiffbauerdamm für die Aufführung seiner Stücke zur Verfügung stand, wurde Brecht nicht selten kritisiert, da seine mehrdeutigen Parabeln den gängigen Konzepten des sozialistischen Realismus nicht entsprachen. Die deutsche Erstaufführung der 3. Fassung des *Galilei* in Köln (1955) war ein wesentlicher Beitrag zur Durchbrechung des westdeutschen Brecht-Boykotts. Hier – wie auch in der Erstaufführung durch das Berliner Ensemble (1957) – wurden die sozialpolitischen Intentionen Brechts weitaus deutlicher erkannt und gewürdigt als zuvor in den USA. Es fehlte nicht an Stimmen, die in Galileis Kompromissen mit der Staatsmacht Brechts eigene Verhaltensweise wieder zu erkannten glaubten. Auch für Brechts Dramaturgie zeigte sich die Kritik aufgeschlossen, obwohl sich in Fragen: Einfühlung bzw. kritische Distanz? Held bzw. Verbrecher? Tragödie bzw. Lehrstück? und bezüglich der spezifischen Anwendbarkeit des parabolischen Geschehens die Meinungen schieden.
Daran hat sich während des ständig wachsenden Erfolgs brechtscher Stücke auf den Bühnen in Ost und West im Grunde wenig geändert: Es besteht kaum Zweifel an der besonderen Aktualität und poetischen Qualität des *Galilei*-Schauspiels; unterschiedliche Akzentsetzung der Inszenierung und verschiedenartige Gesichtspunkte der Rezeption seien aus der Unmenge von Theaterkritiken nur auszugsweise illustriert.

URAUFFÜHRUNG IN ZÜRICH: SCHAUSPIELHAUS, 9. SEPTEMBER 1943

Regie: Leonard Steckel; Bühnenbild: Teo Otto

»Die prägnante Dialektik Brechts, das präzise Gefüge seines Dialogs, seine kühl-verhaltene Leidenschaft kommen in unserer Aufführung ausgezeichnet zur Wirkung. Steckel selber ist dem großen Aufgebot an Rollenträgern ein zwingendes Beispiel. Sein Galilei, in dem sich Forschereifer, Selbstzucht und eine herzhafte Lebensfreude gewinnend vereinigen, steht weit überragend im Mittelpunkt des Geschehens. Als klarer Ausleger seiner Erkenntnisse, als fixer Erfinder – wie er zu Beginn rasch das Fernrohrproblem löst, gehört zu den sehr volkstümlich-vergnüglichen Demonstrationen Brechts – als schmerzvoll-stummer Zeuge seiner Erniedrigung sodann zieht der Künstler in der imponierenden Löwenmaske alle Aufmerksamkeit auf sich und krönt diese großartige Leistung mit dem ergreifend gesprochenen Selbsturteil am Schluss.«

(*Jakob Welti* in: Neue Zürcher Zeitung, 11. September 1943)

»Das Publikum – ja, manchmal erlebt man in Zürich große Überraschungen! – applaudierte nach jedem Bild. [...] Steckel, der nicht nur die Regie führte, sondern auch die Titelrolle spielte, hatte Brechts Absichten zutiefst verstanden, wenn er auf jede künstliche Dramatisierung verzichtete, sich und das ganze Ensemble strikte darauf beschränkte, die ›immanente‹, die echte Dramatik der Wirklichkeit spielen zu lassen. [...] Wenn etwas Brechts Glauben an die ›sanfte Gewalt der Vernunft über die Menschen‹ beweisen konnte, dann war es der frappante Erfolg dieser Aufführung. Denn nirgends hatten der Dichter und seine dramatischen Interpreten den Versuch gemacht, an unsere Gefühle zu appellieren, mit Spannung, Suggestion zu arbeiten, und überall war es gelungen, uns vor die geistige Entscheidung, vor die freie Entscheidung aus der Vernunft zu stellen und uns dafür zu interessieren!«

(*Bernhard Kissel* in: Tages-Anzeiger, Zürich, 11. September 1943)

»Gewiss, Erfahrene werden dieses Schauspiel, diese Chronik über ein Forscherleben, ein Lehrstück oder gar ein Lesedrama nennen. [...] Die langen Diskussionen um Himmel, Erde und Menschen enthalten Aufklärung und Lehrhaftes genug und so kommt es, dass die scharfe Dialektik der Beweisführung und die Sophistik, in der die Gelehrten sich unterhalten, in der gesprochenen Form viel von ihrer Eindruckskraft verlieren. Einige werden außerdem festgestellt haben, dass ›Galileo Galilei‹ nicht dieselbe dramaturgische Stärke und Dichte ausweist wie etwa der ›Gute Mensch von Sezuan‹. Auch dies ist richtig und dennoch ist dieses Schauspiel seiner Art nach zwingend, dank der Symbolkraft und dem Realismus, die in ihm verborgen sind. [...] So wie bei Brecht die Sprache, das Wort, die logische Rede von Geist zu Geist immer das Primäre sein wird, so lebt auch die Schauspielkunst Steckels zuerst und zutiefst von der Stimme aus. Ein Beweis dafür ist sein Galilei. Noch ehe er überhaupt aufgetreten ist, hören wir seine leidenschaftliche, dynamische, blutüberfüllte Stimme hinter der Szene. Dann tritt er hervor und einen Moment lang sieht man nur seine schwere, breite und gedrungene Gestalt, seinen wuchtigen Quaderschädel mit den dickbuschigen Augenbrauen und dem schwarzen, verwilderten Bart und die wühlenden Bewegungen seiner Schultern und Arme. Doch alsbald ist es wieder seine Stimme, von der alles Entscheidende ausgeht: die in sezierender und zugleich großzügiger Rhetorik Blitz und Donner, aber auch Sonnenlicht in den Raum wirft und die in aufwärts stürmender Kraft auf uns einstürzt bis zur Szene nach dem erfolgten Widerruf.
Dann geschieht die großartige Wandlung. Die stumpfe Ergebenheit des Greises, Resignation und Fatalismus und endlich auch Ruhe kommen über ihn, aber in der Wildheit der weißen Haare und des eisgrauen Bartes und in seiner leisen, fast flüsternd gewordenen Stimme lebt noch immer etwas vom drängenden Ungestüm, von der einstigen Ungeduld, von der Elastizität des Geistes.«

(*Annemarie Schwyter* in: Volksrecht, Zürich, 11. Septmber 1943)

BEVERLY HILLS: CORONET THEATER, 30. JULI 1947

Regie: Joseph Losey; Bühnenbild: Robert Davison

»Im Werk und Kampf Galileis hatte Brecht interessante Parallelen zu der Situation der freien Forschung in der Gegenwart gefunden. Noch viel größeres Gewicht aber erhielt diese Analogie, als das ungeheure Potenzial der Atomzertrümmerung nicht zu friedlichem Aufbau, sondern zu grässlicher Vernichtung verwendet wurde. Brecht fing sofort an, sein Stück umzuarbeiten; gleichzeitig begannen die täglichen Nachrichten sich mehr mit den historischen Fakten der Galilei-Epoche zu decken. Die Einengung der wissenschaftlichen Forschung durch die Autoritäten im Zusammenhang mit der Konstruktion der Atombombe schien noch verhängnisvoller zu sein als in dem Fall des Galilei, der aber als Einzelbeispiel die Tragödie des Wahrheitssuchers bietet, indem er aus persönlicher Angst sein besseres Wissen preisgibt.
Wie nahe diese Parallelen sogar im Detail mit unserer Gegenwart laufen, geht aus Brechts neuem Schauspiel mit bedrückender Klarheit hervor.«

(*John W. Winge* in: Theater der Zeit, Berlin, Jg.1947, Heft 9)

»Falsch: Der Fehler lag nicht am Manuskript, sondern an der Darstellung. Obgleich Brecht fast ein Jahr lang mit Laughton und Losey die Aufführung vorbereitet hatte, war sie Stückwerk. Es gab da ein einziges Bühnenbild, Projektionen von den Soffitten aus, eine Gruppe von drei jungen Leuten, die als ›Sprechchor‹ fungierte, Musik von Hanns Eisler, das ganze Zubehör von Brechts Methode. Aber gerade das wesentliche Moment, auf das er stolz war – die kühle, leidenschaftslose Darstellung eines mehr zur Betrachtung als zur Identifizierung mit den Gestalten des Dramas gezeigten Falles –, versagte beim Publikum schrecklich, wie es bei einem Publikum nach dem andern während allzu vieler Jahre seines langen, rastlosen Lebens versagt hat.«

(*Ernest Bornemann* in: Sinn und Form, Berlin, Zweites Sonderheft Bertolt Brecht, Jg. 1957, Heft 1–3, S. 154; übersetzt von Elisabeth Hauptmann)

NEW YORK: EXPERIMENTAL THEATER, 8. DEZEMBER 1947

Regie: Joseph Losey; Bühnenbild: Robert Davison

»Im streng künstlerischen Sinn, ja sogar vom konventionellen Stückeschreiber her gesehen, ist ›Galileo Galilei‹ eine erschütternde Aufführung – wenige biografische Stücke sind das. Das Leben großer Männer wird selten so durchschaubar und ordentlich gelebt, wie es sich ein Dramatiker wünschen mag; und auf der Bühne kann so ein Leben auch nicht umfassend dargestellt werden. Dazu kommt, dass die Episoden-Methode, die Brecht ebenso wie viele Biografien auf der Bühne als notwendig befunden hat, sich nicht als reiner Segen auswirkt. Man kann damit abgerissene Einzelszenen darstellen, abgehackte Kontinuität wieder neu entstehen lassen, ja hin und wieder unerwarteten Applaus ernten, dafür aber lässt diese Methode keinen sich durch das Ganze ziehenden Faden, keine sich entwickelnde Spannung entstehen, die zu den größten Wirkungen des Dramas gehört. Die Episoden-Methode muss sich allzu oft mit kleinen Angriffen und Schlägen begnügen [...]
Galileos Misslingen, sich als großer Mann zu erheben, zum Helden, ja zum Märtyrer in diesem nie endenden Kampf zwischen Wahrheit und Macht, steigert noch die Wirkung des Kampfes, lässt den Mann, der ja sich selbst ohne alle Illusionen kennt, umso ergreifender erscheinen. ›Galileo Galilei‹ ist sicher kein vom Gefühl getragenes Stück, aber einzelne Momente ergriffen mich mehr als die bekanntesten Liebes- und Todesszenen des großen Theaters, mehr als Augenblicke der Entsagung, ja, sie kamen großen Kriegsszenen und krafterfüllten Reden auf dem Schafott nahe. Eigentlich gleicht ›Galileo Galilei‹ einem Konversationsstück und es ist die Qualität des Wortes, die das Stück so allgemein anregend und brillant macht. Hier reicht Herr Laughton an Herrn Brecht heran; Laughton hat nicht nur all das vermieden, das wie eine gelungene Übersetzung wirken könnte, seine Dialoge lassen ihre Geschmeidigkeit, ihre Weltlichkeit, ihren verspielten Witz und die unaufdringliche Wärme und Kraft, die ihnen anhaften, durchblicken.«

(*Louis Kronenberger* in: Picture Magazine, New York, 9. 9. 1947; übers. v. Monika Wyss)

»Neben den technischen Entdeckungen, die Galilei machte, ist sein Märtyrertum durch die Macht von einer bitteren Bedeutung für heutige Zuschauer. Die Häresiejäger sind heute in Washington genauso eifrig, wie sie es in Florenz gewesen sind, und Widerrufe erfüllen die Luft in einem mittelalterlichen Sturm von Furcht. ›Time‹, ›Life‹ und Hearst haben die Folterbank ersetzt und der Abgeordnete aus New Jersey hat den dunklen Atlasrock des Inquisitors angezogen. An Stelle des ›Ich habe gesündigt‹ des alten Astronomen ist heute das Schluchzen ›Ich hatte Unrecht‹ unserer jungen Götter zu hören, aber die Sache ist dieselbe, wie Brecht ungeschminkt ausdrückt. Die Wahrheit stirbt mit dem Konformismus, jetzt oder später [...]
Brechts Methode, diese Dinge zu sagen, ist in Übereinstimmung mit seinen Theorien des epischen Theaters abstrakt, kalt und didaktisch. Er gefällt sich in der Haltung eines leidenschaftslosen Lehrers, der Schüler zu unterrichten hat, die nicht so hell sind, wie sie es sein sollten. Er verschmäht alles Emotionale; sorgfältig weigert er sich, uns zu unterhalten mit den üblichen dramatischen Tricks. Seine Charaktere sind Symbole, keine Menschen; ihr Handeln ist das Funktionieren hoher Gewalten, nicht der Zusammenstoß menschlicher Wesen. Die Schlusswirkung ist interessant, aber beschwerlich. Wir gewinnen das unerfreuliche Gefühl, dass Brecht die menschliche Rasse oder zumindest den Teil, der ins Theater geht, als Lebewesen betrachtet, die lediglich eine äußerst zurückgebliebene Fähigkeit zur Vernunft besitzen. Seine olympische Herablassung ist geeignet, uns lästig zu werden, auch wenn wir mit ihm aufs Herzlichste übereinstimmen.«

(*Irwin Shaw* in: New Republic, 29. Dezember 1947)

KÖLN: KAMMERSPIELE, 16. APRIL 1955

Regie: Friedrich Siems; Bühnenbild: Max Fritsche

»Eine beklemmend aktuelle Frage und Forderung, die angesichts der Atombombenbedrohung die ganze Menschheit bewegt, die also auch im Zuschauer lebendig ist, stellt der Dramatiker Brecht auf die Bühne zur Entscheidung [...] Im heutigen Zeitalter des Imperialismus droht den letzten Erkenntnissen der Atomphysik, ausgeliefert an die monopolistischen Machthaber, das, wofür Brecht, die Entwicklung bis heute vorweggenommen, Galilei symbolisch verantwortlich macht – der Menschen und Kultur vernichtende Missbrauch [...] Brecht dramatisiert die historische Entwicklung der Naturwissenschaft in seinem Helden, indem er ihn in allen Widersprüchen seiner selbst und seiner Zeit zeigt und diese schließlich vereinigt. Er schafft kein Abstraktum, sondern einen Menschen von Fleisch und Blut, einen echt tragischen Charakter von mitreißender Bühnenwirksamkeit [...] Wie wirksam und eindringlich brechtsches Theater ist, bewies die Reaktion des Publikums, das vom ersten bis zum letzten Bild gepackt war und noch lange, nachdem der Vorhang gefallen, mit wahren Beifallsstürmen dankte.«

(Freies Volk, Düsseldorf, 19. April 1955)

»Wie Brecht das nun darstellt, wie er den aufrührerischen Stoff zuerst in eine volkstümliche Heiterkeit lagert, wie er die Figur seines Helden keineswegs heldisch verpackt, sondern lebenslustig, verschlagen, hinterlistig, neugierig und zuweilen in seinen Mitteln geradezu unfein sein lässt, das gibt sofort ein menschliches Klima. Holzschnittmanier mit ein paar genau und fröhlich gesetzten Farbtupfen.
Brecht, die Magisternatur, versteht es, die physikalischen Erkenntnisse, um die es da geht, so gut gelaunt im Dramatischen zu verpacken, dass man von der Wollust des Denkens, der dieser Galilei erlegen ist, im Parkett selber angesteckt wird. Es macht Spaß mitzudenken. Es macht ein satirisches Vergnügen, die Finten auszukosten, die das Genie anwendet, um seine Umwelt zum Fortschritt zu übertölpeln. Immer wenn Brecht gut ist, hat er eine Art raffinierter Naivität. So auch hier in den besten Teilen. Auf den ersten Blick scheint, was er zeigt, simpel. Erst beim Nachgedanken merkt man, wo die Fußangel verborgen ist. Er hat die Gabe des echten Satiri-

kers, im Nachsatz jeweils heimlich anzubohren, was im Vordersatz proklamiert wird. Dadurch bekommt das Ganze eine pfiffige Würze, die sehr verlockend ist.
Im zweiten Teil zieht er das latente Drama zusammen. Da denn vergisst Brecht, der Theoretiker des ›trockenen‹, des ›epischen‹ Theaters, glücklicherweise seine getüftelten Bühnentheorien vollends. Da kommen dann dichterische Szenen, die so angreifend sind, die so handfest und deutlich auf Effekte zugehen, dass das große Dilemma des schöpferischen Menschen in der kleinmütigen Umwelt oft fast sudermannsche Kontraste ausnutzt. Spannung wird doppelt geschichtet, wenn es darum geht, ob Galilei widerruft. Die Unterwerfung unter die Inquisition, scheinbar schon absolut, wird durch die pfiffige Rückversicherung auf die Nachwelt dann so klug aufgehoben, dass am Ende fast so etwas wie ein Pathos der Größe aufkommt. Sentenzen sind zu hören (›Wehe dem Volk, das Helden braucht!‹), die haften, treffen und schön sind. Dann sind Einwände vergessen. Warum musste, beispielsweise, auf die alte Dreigroschenoperweise ein Leierkastenlied geleiert werden? Das hält nur hin und stört.
Warum müssen in den historischen Vorgang zuweilen sehr krampfhaft altbacken wirkende Erkenntnisse des Vulgär-Marxismus eingeflochten werden, die längst ihren Reiz verloren haben? Das Stück ist in sich so dicht und von einer so sicheren Klarheit, dass dergleichen die Wirkung nur schmälert [...]«

(*Friedrich Luft* in: Die Welt, Hamburg, 19. April 1955)

OST-BERLIN: THEATER AM SCHIFFBAUERDAMM, 15. JANUAR 1957

Regie: Erich Engel; Bühnenbild: Caspar Neher

»Dieser Abend ist eine sehr seltsame, bewegende Erfahrung. Brecht selber hat bis zu seinem Tode noch an der Regie des ›Galilei‹ , seines wahrscheinlich besten Stückes, gearbeitet. Erich Engel [...] hat sie dann vollendet. Man sieht eine der klarsten, einleuchtendsten, durchdachtesten Aufführungen, die im Theaterdeutschland von heute zu finden sind, eine Arbeit von hoher ästhetischer Wohlgefälligkeit und kühler Überredungskraft.
Man sieht vor allem ein Stück, das, gerade jetzt und hier in Ostberlin gespielt, auf eine beklemmende Weise revolutionär wirkt. Es handelt von der bedrängten Freiheit des wissenschaftlichen Gewissens. Es zeigt das Dilemma, in das Galilei, der geniale Sternphysiker, gerät, da er erkennen muss, wie das alte Weltbild falsch und überholt ist. Die neuen Augen eines neuen Zeitalters strafen den wissenschaftlichen Glauben von gestern Lügen. [...]
Das Prinzip der ständigen Illusionsdurchbrechung wird hier nur mit Maßen angewandt, sodass man ein kühl gezeichnetes, dass man ein bewusst weggerücktes, aber gerade dadurch höchst beteiligendes und gedanklich beschäftigendes Tableau eines exemplarischen Schicksals betrachtet. Wie mit dem Silberstift sind da viele Szenen gezeichnet. Das ›Ästhetische‹, das Brecht am Ende durchaus in die Theaterarbeit eingeführt sehen wollte, wird immer wieder beglückend bestätigt. Wie schon die einzelnen Requisiten, die historisch genau nachgebildet sind, sichtbar werden, das löst ein hohes, geschmackliches Wohlgefallen aus. Wie Pantomimisches immer wieder eingelassen ist in dieses Exempelspiel von dem bedrohten Weisen, das hat große theatralische Qualitäten. [...]
Den Galilei spielt hier Ernst Busch. Er mag nicht das lebensliebende Format eines Charles Laughton haben, der die gleiche Rolle in New York schon gespielt hat. Er mag oft die an sich doch eher joviale, pfiffig- gemütliche Gestalt etwas zu mürrisch und unwirsch machen – trotzdem kann er das grüblerische Ungenügen, kann er die vertrackt brechtsche Doppelbödigkeit der Figur so kenntlich machen, dass man fasziniert ist. Man sieht ihn denken. Nur selten wischt er diesen schönen Ausdruck durch eine etwas plakathafte Diktion zu. [...]
Ein höchst glücklicher und erregender Abend, mit diesem vielstimmig- einhelligen, mit diesem gedankenvoll und immer wieder von verschlagenen Brecht-Humoren durchsetzten Text, der, wie er da erklingt, geradezu übermütig klingen muss und Brecht selber für manches Schweigen und manches politisch falsche Wort zu rehabilitieren scheint. Er selbst noch und Erich Engel,

der damit glanzvoll seine allzu lange unterbrochene Laufbahn als Regisseur wieder aufnimmt, haben dem deutschen Theater eine Aufführung hinzugefügt, die zu den besichtigenswertesten des heutigen Welttheaters überhaupt gehört.
Es gab großen und (wie einem scheinen mochte) sehr betonten Beifall für das Abenteuer und Glück dieses Abends. Ein höchst aktuelles, meisterlich verschlungenes Dichterstück in einer Meisteraufführung.
Brecht, zu Lebzeiten schon widersprüchlich und vorsätzlich Ärgernis erregend genug – es schien, als wollte er auch nach seinem Tode nicht aufhören, zu beunruhigen und zu überraschen.«

(*Friedrich Luft* in: Stimme der Kritik, Berlin/West, 17. Januar 1957)

»Engel [...] zog den ›Galilei‹ zusammen nicht durch die Reduktion der Nebenprobleme, sondern durch die allgemeine Verwischung der Probleme, durch Milderung der Konflikte, Verschleiern der dramatischen Gegensätze der Fabel und die Neutralisierung der Ideen. Er schuf eine akademisch kalte und vollkommene Inszenierung, zu schön für die strenge, grausam aktuelle Aussage des Stückes [...] Sein [Buschs] Spiel, voller psychologischer Meisterschaft, trug zum Verwischen des für den Grundsatz des Stückes wesentlichsten Momentes bei: Buschs Galilei war kein Verbrecher, in der letzten Szene erweckte er sogar Sympathie und Mitleid [...] Die Moral des Stückes und die Moral der Inszenierung gingen völlig aneinander vorbei; statt der Verdammung des ideologischen Kompromisses kommt sein Lob und seine Absolution.«

(*Andrzej Wirth* in: Die Kultur, München, 15. März 1957)

FRANKFURT: GROSSES HAUS, 25. OKTOBER 1961

Regie: Harry Buckwitz; Bühnenbild: Teo Otto

»Die Frankfurter Neuinszenierung durch den Hausherrn Harry Buckwitz begegnete, nachdem es eines ausdrücklichen Magistratsbeschlusses bedurft hatte, andere bundesdeutsche Bühnen Brechtaufführungen abgesetzt hatten und vor kurzem ein Manifest aller westdeutschen Theaterintendanten gegen Eingriffe in den Spielplan bekannt geworden war, gespanntem Interesse. Außer ein paar Pfiffen, die vom starken Schlussbeifall und Bravorufen übertönt wurden, gab es keine Demonstration. Es hätte den flüssigen Ablauf der vierzehn Bilder (das letzte war gestrichen) gefördert, wenn einige Grüppchen von Beifallspendern nicht auf Sentenzen gelauert hätten, um Einverständnis zu demonstrieren. [...] Buckwitz hat das große dramatisierte Geschichtsepos als Ganzes in übersichtlicher Gliederung trefflich gemeistert. Man hätte sich im ersten Teil gelegentlich mehr Leichtigkeit und einen flüssigeren Ablauf gewünscht. Doch dürfte die lehrbuchhafte Intensität und stellenweise doktrinäre Penetranz nicht nur dem Wesen Brechts entsprechen, sondern auch den geistigen Gehalt klar, präzis und wohl abgewogen wiedergegeben haben. Es ist Buckwitz zu danken, dass er Disziplin hielt und sich nicht in Theatereffekten verlor. Nach dem etwas gedehnten Anlauf brachte der zweite Teil mit den Höhepunkten ›Gemach des Vatikans‹ und dem erschütternden Abschied Galileis von seinem Lieblingsschüler Andrea in dem ›Landhaus bei Florenz‹ nicht nur Steigerungen, sondern er führte die vielfältig aufgefächerten Aspekte des historischen Panoramas zu einem grandiosen Überblick zusammen. [...] Das war lebendiges und geistiges Theater zugleich. Dass Hans Dieter Zeidler das vitale Volumen des Galilei habe, war von vornherein gewiss. Wie der Darsteller aber die geistige Leidenschaft des Forschers maßvoll und intensiv im Ausbruch, leidend und ironisch resignierend im Verzicht darzustellen vermochte, das war verblüffend und überraschend. Das Bild des Menschen im ›Widerstand‹, der sich beugen muss, um seinen geistigen Auftrag zu erfüllen, der die Bitternis der moralischen Verachtung ertragen muss und an sich selbst fast irre wird, hier wurde es mit Intelligenz, Nerv und Kraft gezeigt. Brecht hat geschrieben, sein Stück sei keine Tragödie. Im herkömmlichen Sinne ist ›Leben des Galilei‹ allerdings keine Tragödie mit Sieg, Untergang und Verklärung. Wir kennen andere Tragödien. Zeidler machte sie geradezu schmerzlich sichtbar in seinen Verbeugungen vor der Macht und in dem Abschied von dem noch immer allzu billig idealistischen Schwärmer Andrea. [...] Zu rühmen bleibt in letzter Instanz immer wieder Brecht. Mögen ihn einige einen Schulmeister nennen. Wo in neuerer Dramatik steht ein Satz, der deutsche Zuhörer so bewegt wie der des Galileo Galilei, nachdem er abgeschworen hat: ›Unglücklich das Land, das Helden nötig hat.‹«

(*Karl Korn* in: Frankfurter Allgemeine Zeitung, 26. Oktober 1961)

MAILAND: PICCOLO TEATRO, 22. APRIL 1963

Regie: Giorgio Strehler; Bühnenbild: Luciano Damiani

»Das Theaterereignis der sechziger Jahre – so bezeichnet das Piccolo Teatro di Milano kühn in seinen Voranzeigen Giorgio Strehlers Inszenierung von Brechts ›Leben des Galilei‹. Der Erfolg hat diese Ankündigung voll und ganz gerechtfertigt. Nicht nur in künstlerischer und technischer Hinsicht, sondern auch was die Resonanz beim Publikum betrifft. Jede Vorstellung war ausverkauft, sodass die Theatergesellschaft noch ein zweites Haus mieten musste, um andere Stücke aufführen und ihre Verpflichtungen gegenüber den regelmäßigen Anrechtsbesuchern erfüllen zu können. [...]
Letzten Endes liegt also im Zusammenwirken dieser beiden schöpferischen Geister, Strehler und Damiani, der unwandelbare Erfolg vom ›Leben des Galilei‹ begründet. Was Damiani unter Strehlers Leitung für das Piccolo Teatro entworfen hat, scheint die Imitation eines typischen Renaissance-Theaters aus dem Italien des sechzehnten Jahrhunderts. Dadurch wird dem Zuschauer der Geist jener Zeit vermittelt. Gleichzeitig wird aber die brechtsche Grundforderung erfüllt, dass das Publikum keinen Augenblick lang vergessen dürfe, einer sozusagen didaktischen Vorstellung beizuwohnen, um sich nicht in Mitleid mit dem Helden des Stücks zu verlieren. Das wird erreicht durch die revolutionäre Dekoration und Beleuchtung. Gideo Baroni, Italiens größter Experte auf dem Gebiet der Bühnenbeleuchtung, hat spezielle Lampen mit niedriger Spannung entworfen, die ein gleichmäßig mildes, unbestimmtes Licht werfen über den grauen Behang des Hintergrunds, die architektonischen Zeichnungen, die die Szenerie darstellen, und die einfarbigen Kostüme aus verschiedenstem Material, angefangen von Selbstgewebtem für die Armen bis zu brokatenen Ornaten für die Prinzen und Geistlichkeit. Das Ganze macht den Eindruck einer Gravierung, die je nach Bedarf bei Tageslicht oder bei Kerzenschein gesehen wird. In der großen Szene der Einkleidung des Papstes verleiht der schimmernde Glanz seiner Gewänder dem Szenenbild die Schönheit eines Renaissance- Gemäldes. Auch die schauspielerischen Leistungen sind außergewöhnlich. Mit der Gestaltung des Galilei wiederholt Tino Buazzelli den Erfolg seines Mackie Messer und des Schweyk. Ein sinnlicher, komfort-liebender, wollüstiger Mann, jedoch mit einem scharfen Verstand begabt, ist sein Galilei ein Genie mit einer menschlichen Schwäche – der Feigheit. Mit den Jahren wird er reifer. Am Ende hat man kaum bemerkt, dass man fünf lange Stunden gefesselt worden ist, aber der Abend hat nicht eine Minute zu lange gedauert.«

(*Ossia Trilling* in: Theater der Zeit, Berlin, Jg. 1963, Nr. 16)

WIEN: BURGTHEATER, 30. OKTOBER 1966

Regie: Kurt Meisel; Bühnenbild: Lois Egg

»Bertolt Brecht fand im Burgtheater Einlass: Der ›Ketzer‹ gelangte zu posthumen Ehren. Vor einigen Jahren noch ging ein Gruseln durch die Reihen der Aufrechten, schon bei der Erwähnung seines Namens. Man verabscheute, man fürchtete ihn im Schüttelfrost des Kalten Krieges wie den Aussatz, wie die Röteln. Man zürnte dem zürnenden Mann, der einst für die Gerechtigkeit, für die Beladenen eintrat und der in der politischen Pionierzeit solcherart zum Bolschewiken wurde und sich im Alter, verratener Illusionen ungeachtet, aus Ulbrichts Zwangsbereich nicht lösen konnte. Schließlich wurde dem Boykott in Wien im Volkstheater aufgekündigt. Jetzt gibt die Staatsbühne ihr offiziöses Placet. Die Konstellation war günstig. Es war ein Abend der guten Sterne. [...]

›Leben des Galilei‹ ist ein Stück gegen veraltete Gesellschaftsordnung: für die Verbesserungsfähigkeit des Menschenschicksals infolge Wahrheit. In seinem Vorwort (erschienen im ost-deutschen Aufbau-Verlag 1957) verwahrte sich Brecht dagegen, dass Galileis Kampf um die Freiheit der Forschung als gegen die Religion gerichtet abgestempelt werde: »Dadurch würde das Augenmerk in unglücklicher Weise von heutigen reaktionären Obrigkeiten ganz und gar unkirchlicher Art ablenken.« Man kann sich seinen Reim drauf machen. So einschichtig ist das Phänomen Bert Brecht eben auch politisch nicht. Bei der Aufführung des Stücks vor zehn Jahren im Schiffbauerdamm-Theater, im SED-Bereich, wo man der Wahrheit Feind ist, wurde das Zwiespältige daran sehr deutlich empfunden.

Kurt Meisels Inszenierung, klar, ästhetisch ganz und gar im Sinne späteren, gereiften Brechts, von jeglichem Stilkrampf unbelastet, kann als Lehrstück brechtscher Interpretation ohne Einwand gelten. Verfremdung, Demonstration, Desillusion sind durch den Ansager, der den Szenen ihre Devise mitgibt, unprätentiös und legitim gegeben; [...] Hanns Eislers Song-Kulisse zeigt die rustikale, flächige Manier zur Ballade und zur Parabel hin in Alexander Steinbrechers musikalischer Betreuung melodiös und renaissancisch an. [...]

Lois Egg hält den Schauplatz unter eiserner Bogenkuppel, unter segmentischem Gewölbe in Braun und Gold und Ocker. Die Wölbung signalisiert Observatorium, Dom, Erdkugel und Gefängnis: einen Riesenkäfig. Auch hier herrscht Klarheit, herrschen Raum und Fläche, herrscht geometrisch Edelmaß. Das übertragene Alltagsgewand, die gedeckte Pracht der Roben wirken im Stillen. [...] Curd Jürgens gibt uns das Bild des brechtschen Galilei: Die Sanftnatur, die Wahrheitstrunkenheit, die Wollust der Wahrheit. Er ist listig, zänkisch, aufbrausend und auch treuherzig manchesmal, er hat Humor und der Geist des Widerspruches liegt behäbig in der vom Atem neuer Zeit geschwellten Brust. Brecht sieht keinen Helden in Galilei und keinerlei durchgeistigtes Erfindertum; er ist Pionier, Seefahrer der Astronomie. Das ist Curd Jürgens.

Im Alter dann, nach seiner Unterwerfung, da er geschlagen und gedemütigt Gefangenschaft erleidet, brennt immer noch Verschlagenheit und Trotz in ihm. Das Schlusswort, die mörderische Analyse, die zum Atomkonflikt anklägerisch sich wendet, hat Kraft, hat dunkles Feuer. Trotz etlicher Striche dauert das Stück immer noch volle vier Stunden; die zwei Pestbilder halten auf, hätte man missen können. Das letzte Bild blieb weg und ging nicht ab. Das Publikum, von solcherart Brecht gebannt, lauschte fast atemlos, gespannt und gab heftigen Schlussapplaus.«

(*Paul Blaha* in: Kurier, Wien, 31. Oktober 1966)

NÜRNBERG: SCHAUSPIELHAUS, 17. MÄRZ 1971

Regie: Harry Buckwitz; Bühnenbild: Wilfried Minks

»Ein Augenfest ist diese Aufführung, Brechts Figuren in der Pracht einer Parade erlesener Kostüme: Nur wer im Wohlstand lebt, lebt angenehm, ein reicher ›Galilei‹, prunkend, eine Aufführung zum Schlürfen.

Das ist nicht nur abwertend gemeint. Buckwitz [...] ist mit dieser Nürnberger Inszenierung vieles gelungen. Man sieht eine gut durchgearbeitete, gespannte Aufführung: Die Genauigkeit, mit der ihre Schauspieler in die Konfrontation von Vernunft und Unvernunft gesteuert werden, ist bestechend. Buckwitz [...] ist ja stets beides gewesen – ein Inszenator, der den Effekt der ausgemalten Schau kennt, und ein Aufklärer. Vor allem in den ersten Bildern der Nürnberger Inszenierung sind Bildwert, Spiel und Gedanke so konzentriert zusammengezogen, dass daraus der Eindruck einer schönen Transparenz kommt [...]

Man muss das erste Bild beschreiben, weil es so lange (und so günstig) nachwirkt. Buckwitz hat sich von Wilfried Minks die Bühne des Nürnberger Schauspiels vergrößern lassen. Sie ist jetzt über die ersten Parkettreihen vorgezogen, der Raumgewinn ist ein Gewinn an Tiefe. Minks, der mit dem Entwurf für ›Galilei‹ seinen Weg zur ausgemalten Bühne [...] weitergeht, hat die vorgezogenen Seitenwände und den rückwärtigen Prospekt mit Nachbildungen eines Höllensturzes (in der Manier Giottos) bedeckt, menschliche Leiber, gepeinigt von der Qual des Gerichts fallen ins Dunkel. Das soll für das Stück heißen: Mit solchen Visionen haben die Mächte der Unterdrückung ihre Opfer diszipliniert; Galilei zeigt ihnen die repressive Funktion der klerikalen Schreckensbilder.

Die hohen Prospekte umschließen eine große Spielfläche, von einem Treppenabsatz in Vorder- und Hintergrund geteilt, für die einzelnen Bilder (Buckwitz hat das fünfzehnte gestrichen, das Stück endet mit der Übergabe der ›Discorsi‹ an den abreisenden Schüler Andrea) werden wenige Versatzstücke jeweils meist aus dem Schnürboden herabgelassen. In der ersten Szene sehen wir vorne den Galilei in seinem ärmlichen Studierzimmer in Padua. Der Schauspieler Ernst Schröder gibt ihm eine kräftige Figur: ein lebhafter, fast begeisterter Mann, mitgerissen vom Elan seiner Gedanken. Eine große Lust ist darin, wie er dem Bub Andrea die Lehren des Kopernikus erklärt, man spürt: Denken und Erkennen – das sind Vergnügen. Diese Szene Schröders am Anfang ist wie ein Vorgriff auf das, was dieser Galilei in den Rückzügen seines Lebens bis zur (von Schröder allerdings verspielten) mörderischen Selbstanalyse des vierzehnten Bildes nicht wirklich erreicht – ein Vorgriff auf Freiheit. Die Tragödie Galileis ist entwickelt aus den übermütigen, hoffnungsvollen Aussichten dieser ersten Minuten Schröders mit dem Jungen. Man wird sehen, wie sie sich nicht erfüllen.

[...] Buckwitz verlässt sich auf das Funktionieren der dramaturgischen Organisation Brechts, etwa in der Warteszene vor dem Collegium in Rom auf die Wipp-Struktur des kalkulierten Auf- und Abbaus von Spannungen, aber es gelingt ihm auch, die kalte Rationalität der Formen mit Leben zu Lebhaftigkeit zu füllen. Und anders herum: Wo das Gepränge gefährlich zunimmt, hat Buckwitz auch die Konzentration, noch wieder die Form und die Struktur einer Szene zu sehen und zu wahren.

Ernst Schröder kehrt weniger als Zeidler in der Frankfurter Aufführung von 1961 den sinnlichen Fresssack heraus, sein Kopf siegt diesem Galilei doch über seinen Leib. Natürlich ist Schröder in Nürnberg der Star, dem sich die anderen, nicht ohne dass ein Gefälle spürbar wird, zuordnen. In ihrem Personal hat die Aufführung schwache Punkte, zu schnell werden die Kirchenleute zu Popanzen der Unvernunft, auch zu krass. [...] Minks hat Buckwitz zwar mit der Kostbarkeit der Ausstaffierung helfen wollen (sie macht den Maskenzug, der zwischen das siebte und neunte Bild vorgezogen wurde, fast zu einer Kostümparade, wenngleich auch an diesem Umzug des Volkes die Präzision des Arrangements auffällt), jedoch kommt aus der modischen Pracht auch ein Element von schicker Glätte in die Aufführung.

Das ist einzuwenden: die nobel routinierte Perfektion der Inszenierung, die Widerstände und Störungen, die das Stück setzt, manchmal zumalt. Das Theater Brechts als Augenweide? Diese Aufführung vereinnahmt den Stückeschreiber, glättet ihn, macht ihn schön. Darin greift Buckwitz das Stück zu kurz. Aber der kurze Griff sitzt fest und imponiert. Buckwitz zeigt ein erfolgreiches Stück als erfolgreiches Stück.«

(*Peter Iden* in: Frankfurter Rundschau, 18. März 1971)

KIROW (UDSSR): OSTROWSKI-THEATER, MÄRZ 1976

Regie: A. Borodin; Bühnenbild: S. Benediktow

»Die leere Bühne ist erleuchtet. Um Galilei kreist der Knabe Andrea, der Sohn der Haushälterin. [...] Als sich dann noch zwei weitere Personen zu ihnen gesellen, der kleine Mönch und Federzoni, erscheint diese Gruppe als eine Ganzheit, die durch geistige Bande zusammengehalten wird. Ihre Mitglieder fühlen sich als Zentrum eines authentischen Lebens, jenseits von dessen Grenzen alles sinnlos wird.

Aber gerade dort, jenseits der Schwelle des Laboratoriums, entscheidet sich das Schicksal von Galileis Entdeckungen. Und diese Verbindung nach außen bestimmt auch das Schicksal seiner Schüler.

Galileis frei verkündete Ideen stoßen auf den Widerstand der Obrigkeit. Und wenn in den Szenen, wo Galilei allein von seinen Schülern umgeben ist, nichts diese harmonische Gemeinschaft zu stören vermag, so verändert sich alles, wenn Außenstehende in diese Gemeinschaft eindringen. Es verändert sich auch der Bühnenraum.
Der junge Moskauer Bühnenbildner S. Benediktow montiert auf der Bühne an einem Gestänge lose befestigte Bretter mit schwarzweißer Musterung. Von deren Anordnung wird weitgehend die Inszenierung und die rythmische Gliederung des Stücks bestimmt. Im Bühnenbild findet die strenge Logik des brechtschen Theaters eine adäquate Entsprechung.
Das innere ›publizistische‹ Pathos des Stücks kommt mit besonderer Plastizität, mit fast grafischen Umrissen in jenen Szenen zum Ausdruck, in denen Galilei seinen Gegnern gegenübertritt, das sind Menschen, die er vergeblich vom Nutzen seiner Entdeckungen überzeugen will. So enthüllt der Kardinal Barberini in der Ballszene – bei einer Unterhaltung mit Galilei – das Gesicht, wenn er preisgibt, was er denkt, verhüllt das Gesicht aber mit der Maske, sobald er zu sagen hat, ›was sich gehört‹.
Die Mönche, die sich über Galilei lustig machen, verstecken sich hinter der Bretterdekoration wie hinter Bäumen; einer knüpft an die Replik des andern an und alle frohlocken über die Verfolgung des Gelehrten.
Die Szene von Galileis Begräbnis erinnert an die Szene mit den gelehrten Scholastikern. Rosarote, gelbe, violette und grüne Figuren, in zwei Reihen nach Rangordnung aufgestellt, sprechen mit der Stimme von Kirchendienern ihr Urteil über den Gelehrten aus, ohne diesen auch nur zu Wort kommen zu lassen. Er stellt für sie eine Ablenkung von der Priestertätigkeit dar, er ist ihrem rituellen Meinungsstreit fremd.
Die Atmosphäre des spannungsreichen Kampfs um Galileis Lehre verdichtet sich zusehends, bis sie ihren Höhepunkt und ihre Entladung in den Massenszenen findet. Am stärksten emotional gefärbt ist die Szene des Volkskarnevals.
Die Menge versammelt sich mit Karnevalsfahnen und Masken in der Hand. Im Zentrum gibt der Balladensänger (L. Lenz) mit der Offenherzigkeit eines Komödianten, der nichts zu verlieren hat, ein Lied über Galileis Lehre zum besten. Er ist nicht aufgetreten, um seine schöne Stimme zu demonstrieren und dem Gehör der Versammelten zu schmeicheln. Seine Zuhörer reagieren zunächst schüchtern, nehmen dann aber immer kühner, freudig und aufmunternd den Refrain des Liedes auf.
Der Volksgesang kann indessen den Urteilsspruch der Inquisition, der die Bestrafung des unermüdlichen Gelehrten vorsieht, nicht verhindern, so wie auch die Hingabe und der Glaube der Schüler nicht ausreichen, Galilei vom Widerruf seiner Entdeckungen abzuhalten. Und hier folgt nun die wichtige Frage: Wie beurteilt das Theater die Handlungsweise Galileis? ›Von Anfang an‹, so schreibt Brecht in seinen Anmerkungen zum Stück, ›war als Schlüsselpunkt der riesigen Figur des Galilei dessen Vorstellung von einer volksverbundenen Wissenschaft benutzt. Für Jahrhunderte und ganz über Europa erwies ihm das Volk in der Galilei-Legende die Ehre, nicht an seinen Widerruf zu glauben.‹
Während des ganzen Stücks beobachten wir Galilei, der ganz seinen Ideen lebt und der sein ganzes Leben dafür hingibt, dass seine Ideen unter allen Umständen zu einer Errungenschaft des Volkes werden. Als ein Mensch von weitem Horizont und tiefem Glauben an sein Werk teilt er sein Wissen, seine Lebenserfahrung auch großzügig mit seinen Schülern. Gleichzeitig aber nimmt er Zuflucht zu verschiedenen Listen, ist bereit, sich zu erniedrigen. Das Theater deckt die ganze Widersprüchlichkeit von Galileis Handlungsweise auf.
Der Regisseur A. Borodin will diesen Kampf, der sich vor allem in Galilei selbst, weniger um seine Entdeckungen herum, abspielt, keineswegs vereinfachen. Doch die Behandlung der Figur weist überzeugend nach, dass deren eigentliche Tragik nicht in den inneren Widersprüchen, sondern in den Umständen begründet liegt.
In der Schlussszene, in der Andrea einem kleinen Jungen begegnet, der ebenso neugierig ist, wie er es seinerzeit war, und in der er ihm – wie Galilei – die ersten Physikstunde erteilt, bringt der Regisseur die Bewegung des Stücks gleichsam zu einem Stillstand, indem er die Aufmerksamkeit des Zuschauers auf seine Symbolik lenkt. Die Erfahrung der Vergangenheit war nicht um-

sonst. Wir – die heutige Generation – glauben an die Zukunft der hellen Vernunft, sagt das Theater, wenn der Vorhang fällt.«

(*N. Sorokina* in: Teatr Moskau, 1976, Heft 4; übersetzt von Ilma Rakusa)

OST-BERLIN: THEATER AM SCHIFFBAUERDAMM, FEBRUAR 1978

Regie: Manfred Wekwerth, Joachim Tenschert; Bühnenbild: Hans-Ulrich Schmückle

»›Brecht selbst ist der Instabilität unterworfen.‹ [Joachim Fiebach]
Ähnliche Gedanken müssen Manfred Wekwerth bewegt haben, der zusammen mit Joachim Tenschert den ›Galileo Galilei‹ im Theater des ›Berliner Ensemble‹ am Schiffbauerdamm inszenierte, und zwar die dänische Fassung, geschrieben 1938 im Exil. Hier ist Galilei am Ende nicht geistig verludert, kein absoluter Verräter an der Wissenschaft, als welchen ihn Brecht in der amerikanischen Version nach dem Abwurf der Atombombe darstellte; er ist nur seelisch angeschlagen.
Wekwerth dazu im DDR-Rundfunk: ›... und wir benutzen da eine Idee, dass man das Ganze, Meyerhold folgend sozusagen, als ein Jahrmarktsspektakel darstellt.‹ Man unternehme den ›Versuch einer anderen Lesart, die, sagen wir mal, den ‚Galilei' aus dem Verdacht des Klassistischen herausbringt – des Weihespiels‹.
Gemäß solcher Überlegung ist die Karnevalsszene an den Anfang gestellt. Auf heller, vorhangloser Bühne (Hans-Ulrich Schmückle a.G. aus der Bundesrepublik) mit vorgezogener runder Spielfläche und einer Art Laufsteg in der Höhe des Hintergrunds erscheinen Masken; das bärtige Pappgesicht des Galilei nicht zum Takt der Worte. Wenn vom Sündenfall der Wissenschaft die Rede ist, knabbert die Frau des Balladensängers einen Apfel: eine komische Eva, noch dazu mit Brille.
Schlampig gekleidet mit einer ausgeleierten Wolljacke, sitzt Galilei (Ekkehard Schall) zunächst mit dem Rücken zum Publikum an seinem Arbeitstisch. Im Gespräch mit dem Knaben Andrea Sarti herrscht ein privater, sozusagen ein Kammerton: Den Krug in der Hand, erklärt Galilei das Planetensystem und Andrea kichert vergnügt, als er begreift, dass sich die Erde um die Sonne dreht. Amüsant gerät das Gekabbel mit Frau Sarti (Renate Richter) um die auch für einen Wissenschaftler so wichtige Milchrechnung.
Ein Jahrmarktsspektakel [...] stellt man sich allenthalben prall, turbulent und sinnlich vor. Aber gerade Turbulenz und Sinnlichkeit gehen dieser Inszenierung ab, ganz im Gegensatz zu jenen von 1957 (mit Ernst Busch) und 1971 (mit Wolfgang Heinz). Wekwerth und Tenschert zielen, im Widerspruch zu der erklärten Konzeption, doch eher auf ein Lehrstück ab. Gelehrt wird die List, trotz Widerrufs die Wahrheit letztlich unbeschädigt zu erhalten, heimlich zu verbreiten und, wenn dies auch in der Gegenwart unmöglich scheint, wenigstens in der Zukunft durchzusetzen. Eine aktuelle Variante, zweifellos, zumal wenn Galilei seine ›Discorsi‹ dem Schüler Sarti mit den Worten zuspielt: ›Gib Acht, wenn du durch Deutschland kommst, die Wahrheit unterm Rock ...‹ Da mochte so mancher im Publikum doch Gegenläufiges zur Inszenierung denken, an Manuskripte von heute, die über die Grenze geschmuggelt werden, weil sie im eigenen Land nicht gedruckt werden können. Ein Nebeneffekt, gewiss, und der Gast aus dem Westen, wo es Berufsverbote und andere unsichtbare Maulkörbe gibt, wäre schlecht beraten, sich darob aufs hohe Ross zu setzen.
Schwankend zwischen Jahrmarktszenen und Lehrstück bleibt die Inszenierung, die teils packende, teils langwierige Passagen enthält, unentschieden. Dies auch insofern: ›Es wird sich‹, sagte Brecht, ›für die Theater die Frage erheben, ob sie ‚Galilei' als eine Tragödie oder als ein optimistisches Stück aufführen sollen.‹ Am Ende ist's keines von beiden. Das bedeutet aber auch: Brecht bleibt diskussionsbedürftig.«

(*Jürgen Beckelmann* in: Frankfurter Rundschau, 16. Februar 1978)

PEKING: PEKINGER JUGENDTHEATER, MÄRZ 1979

Regie: Chen Yong und Huang Zuolin; Bühnenbild: Xue Dianjie

»[...] Unsere Wahl des *Galilei* war weder ein bloßer Versuch, der chinesischen Öffentlichkeit eine neue dramatische Schule vorzustellen, noch war es nur die Absicht, die Unterjochung des Geistes und die Kulturdiktatur unter der ›Viererbande‹ zu kritisieren – wir stellten dieses Kunstwerk seiner eigenen Bedeutung wegen vor [...]. Einige ausländische Freunde waren über die Aufführung sehr verwundert. Sie fragten, wie eine Audienz, die so sehr an Gesang, Rezitation, Darstellungsstil und Kampfszenen der traditionellen chinesischen Oper gewohnt ist (die so verschieden von der westlichen Theatertradition ist), Brecht akzeptieren könne, der doch sogar in den Augen der westlichen Welt so progressiv sei. Es ist aber gar nicht so schwer, die gute Aufnahme des *Galilei* durch die chinesische Audienz zu verstehen. Brecht war ein wahrer Freund des chinesischen Volkes; er hatte großes Interesse für die chinesische Kultur. Er hatte unsere Literatur studiert – unsere Poesie, Malerei, auch die Werke Maos. Er hielt viel von der Schauspielkunst unserer Oper und nahm davon, was er brauchte. Die Struktur des epischen Theaters ist dem Erzählstil unserer Oper ähnlich und der Verfremdungseffekt ist für unsere Schauspieler nicht neu, da sie an die stilisierte Darstellungsweise unserer Oper gewöhnt sind. Das heißt nicht, dass wir während der Proben keine Schwierigkeiten hatten. Die Frage war nicht, ob Regisseure und Schauspieler das Stück so, wie es war, akzeptieren konnten [...], sondern wie wir es der Audienz sowohl im Stil als auch im wesentlichen brechtschen Sinn nahe bringen konnten. [...]

Der wahre Held des Stückes ist nicht Galilei, sondern das Volk. Wir bemühten uns, den Kampfesgeist und die Beharrlichkeit des Volkes zu betonen. Das entspricht Brechts Grundideen. Er baute auf die Menschen und auf gesellschaftlichen Fortschritt. Das neue Zeitalter wird sich letztlich durchsetzen: Trotz aller Schwierigkeiten und Rückfälle Einzelner schreitet die Zeit vorwärts. Entscheidend für gesellschaftlichen Fortschritt ist weder der Papst (der den Willen Gottes repräsentiert) noch die wenigen Helden oder ›Retter‹-Gestalten, sondern die neuen produktiven Kräfte und Produktionsverhältnisse. Deshalb betrachtete Brecht *Galilei* auch nicht als Tragödie. Um dies zu unterstreichen, benutzten wir verschiedene Kunstgriffe, um die Bühne für die Karnevalszene in den Straßen von Italien zu beleben: Die Kostüme der Volksmenge waren relativ einheitlich und hell und die Bühnenbeleuchtung (Weiß und klare Farben) verteilte gleichmäßig helles Licht über die ganze Szene. Auch hängten wir ein riesiges Porträt von Galilei auf, um die Bewunderung des Volks für diesen Großen der Wissenschaft anzudeuten und die Zeitströmung und realistische Basis für seine revolutionäre Astronomie aufzuzeigen. Auch stellten wir die Verse des Sängers dar: ›Und um die Kardinäle zirkulieren die Bischöfe [...] Und um die Dienstleute zirkulieren die Hunde, die Hühner und die Bettler [...] Jetzt soll sich mal die Herrin, he! / Um ihre Dienstmagd drehn [...]‹. Dabei benutzten wir überlebensgroße Puppen [...] zur bildhaften Verkörperung des Liedinhalts auf der Bühne und zur sinnfälligen Vermittlung des revolutionären Geists und Volkshumors an die Zuschauer, denen wir dadurch die Bedeutung des Stücks näher brachten [...] Wir haben gerade erst begonnen, unser Publikum mit Brecht bekannt zu machen. [...]«

(*Chen Yong* in: Brecht and East Asian Theatre. Hg. v. Antony Tatlow and Tak-Wai Wong. Hong Kong University Press 1982, S. 88-95; aus dem Englischen übersetzt v. H. Knust)

MARBURGER SCHAUSPIEL, MAI 1983

Regie: Franzjosef Dörner; Bühnenbild: Volker Benninghoff

»Von der Langeweile, die bei Brechts Vier-Stunden-Stücken selbst seine Verehrer befällt, ist angesichts der Marburger ›Galilei‹-Inszenierung nichts zu spüren. 350 Jahre nach dem Widerruf des Wissenschaftlers vor der Inquisition, da als jüngste Frucht der physikalischen Forschung der atomare Holocaust im Raum steht, ist die Problematik des Stückes so gegenwärtig, dass auf jede künstliche Aktualisierung verzichtet werden konnte. Dass das ›historische‹ Geschehen zur spannenden Geschichts-Parabel wird, ist jedoch auch das Verdienst der Inszenierung Franzjosef Dörners. Indem das Marburger Schauspiel – Brechts Intention entsprechend – die Interpretation Galileis als sozialen Verräter zum Kern und Ausgangspunkt seiner Aufführung gewählt hat, wird der Weg frei für eine Konzentrierung der Handlung auf zweidreiviertel Stunden, die durch Geradlinigkeit besticht.

Trotz der eindeutigen Einschätzung der Hauptfigur ist auch in Marburg viel von den Schwierigkeiten zu spüren, die die Darstellung des schon im Text angelegten zwiespältigen Verhaltens Galileis mit sich bringt. Deutlich ist das Bemühen, den Forscher mit seinem eingreifenden, revolutionären Denken und seiner produktiven Sinnlichkeit als sympathischen Menschen herauszustellen. Die dankbarere Aufgabe, die Fred Kretzer als Galilei allerdings zukommt, erfüllt sich vor allem im Abbau der positiven Seite seiner Figur, und zwar sowohl in ihrem individuellen Versagen als auch im Vergleich zu seinen Mitarbeitern. Kretzer, der durchgehend den Genussmenschen erkennen lässt, hat das richtige Maß sicher getroffen, indem er mit zunehmender Spieldauer selbstdistanzierter und skeptischer auftrat, sodass schließlich die kritische Eigenanalyse in der Schlussszene wie von einem fremden Galilei über ihn gesprochen wirkte.

Auf diese Spielweise Kretzers bezogen, betont die Aufführung folgerichtig, dass der Fall Galilei nur dann als sozialer Verrat verstehbar ist, wenn er im Kontext und als Folge der damaligen politischen und gesellschaftlichen Entwicklung gezeigt wird. In den rund dreißig Jahren des Bühnengeschehens ändert sich nicht nur das Bild vom weltberühmten Gelehrten zum ängstlichen Gefangenen der Inquisition, sondern in erster Linie die historische Situation mit dem Aufstieg des Bürgertums in Oberitalien und der politischen Reaktion der Kirche. Die Marburger Inszenierung brauchte deshalb eine geschlossene Ensemble-Leistung.

Zweiter wichtiger Hauptakteur ist das Volk, an dessen Verhalten sich die gesellschaftliche Seite der reinen Forschung Galileis erst ablesen lässt. Indirekt in beiläufigen Bemerkungen stets anwesend, kommt es in der Fastnachtsszene in einem spektakulären Umzug auf die Bühne. Hier zeigt das Kopernikanische Weltbild seine politischen Folgen und nur von dieser fast revolutionären Stimmung her wird Galileis Widerruf in seiner ernüchternden Konsequenz deutlich. Dörners Inszenierung konnte aber von diesen Vorgaben aus gesehen nur überzeugen, weil die führenden Vertreter der Kirche als ebenbürtige Gegenspieler gezeigt werden. Von ihrer Ideologie her ist die Obrigkeit allgegenwärtig, am deutlichsten wird das an Galileis Tochter Virginia (Anneliese Lapins), und selbst Galilei erscheint niemals als Ketzer aus religiösen Motiven. Auf diesem Feld ist die Kirche auch stark genug, Galilei gewähren zu lassen. So wird sie in der Marburger Aufführung nur dann der Lächerlichkeit ausgeliefert, wenn ihre Ideologie als solche für den heutigen Betrachter lächerlich ist. Der Konflikt erfolgt vielmehr dort, wo die Machtinteressen des Vatikans unmittelbar bedroht werden. Hier sind die Kirchenvertreter allerdings die überlegenen Akteure, die in keiner Phase als Personen unsympathisch sind. Besonders gelungen ist Hans-Georg Meyers Darstellung von Papst Urban VIII. in der bei vielen Inszenierungen missglückten Ankleideszene, wo am eindringlichsten das Schwanken zwischen privatem Wohlwollen gegenüber Galilei und politischem Zwang vermittelt wird.

Volker Benninghoffs Bühnenbild ist einfach und wirkungsvoll zugleich. Durch die Aufteilung in eine vordere, die private Welt in Galileis Studierzimmer andeutende, und eine leicht erhöhte, hintere Spielebene, auf der die große Welt agiert, wird schon durch das Bild Stellung zur Handlung bezogen und gleichzeitig die schnelle, keinen Umbau benötigende Spielweise ermöglicht, die dieser Inszenierung viel zu ihrem Erfolg verhilft.«

(*Dieter Thiele* in: Frankfurter Rundschau, 24. Mai 1983)

CHICAGO: THE GOODMAN THEATRE, OKTOBER 1986

Regie: Robert Falls; Bühnenbild: George Tsypin

»Das Stück geht weit über die konventionelle Biografie hinaus – es ist eine ausgedehnte, zornige, schlaue, gnadenlose, sehr brechtische Meditation über die Bedingungen intellektueller

Freiheit, über Bedeutung der Wissenschaft und Verantwortung des Wissenschaftlers und seine Beziehung zu allen Schichten der Gesellschaft. *Galileo* handelt von der Verfolgung des Intellektuellen, aber auch wie Galilei sich – wohl oder übel – aus der Kraft des Volkes speist.
Brechts [...] eigenes Leben stand mehrfach unter Inquisition, während er das Stück schrieb. Die erste Fassung entstand 1938, nachdem er sein nazifiziertes Vaterland verlassen hatte, die zweite Fassung 1947, als er vor der Gestapo des Amerikanismus, dem ›House Un-American Activities Commitee‹, floh. Die erlittene Unbill – und auch der Luxus, das Ende des Dritten Reichs in Hollywood abzuwarten – verband sich mit der noch größeren Sorge, dem Horror der Wissenschaft: der Atombombe, was das Leben Galileis beängstigend zeitgemäß, wenn nicht gar gespenstisch machte.
Robert Falls betont diese Zeitgemäßheit in seiner extravaganten und dennoch gedrängten 3½ Stunden-Aufführung des *Galileo*. Stil und Bilder aus den 40er und 50er Jahren verbinden sich mit der früheren Epoche [...], sodass z. B. die Gäste bei einer Soirée im Kardinalspalast in Frack und weißem Schlips erscheinen. Falls' Anachronismen können verblüffen, z. B. wenn eine Phalanx unbewegter Reporter aus der McCarthy-Ära Galileis Häresie-Geständnis über Mikrofone verlesen. Verwirrend ist auch, wenn Soldaten in Nazi-Uniform während des Ausbruchs der Pest auftauchen und damit eine Gleichsetzung zwischen Pestausbruch und Holocaust anzudeuten scheinen, was für meine Begriffe unstimmig ist. Aber das wahre Verdienst dieser Produktion liegt in dem Spiel mit Licht. Alle Arten von Licht. Licht als Eigenschaft und Licht als Bedeutung, Kerzenlicht, Höllenlicht, Sonnenlicht, reflektiertes Licht, Licht ohne Schatten, Licht der Blendung und Licht des Wissens. Dieser *Galileo* handelt buchstäblich und einleuchtend vom Licht und Falls (unterstützt von einem hervorragenden ›technischen‹ Team [...]) bringt manchmal lyrische, dann wieder erschreckende Aussagen zum Thema. Das Lichtmotiv in seiner Großartigkeit, seinem Pathos und seiner Unumgänglichkeit durchzieht das ganze Schauspiel, von Hintergrundsprojektionen der Stadt Venedig (die Illusionen von Platos Höhengleichnis andeutend) bis zu einem puren, weißen Glanz mit dem blinden, zum Krüppel gewordenen Galilei in der Mitte (an Hamm in Becketts *Endspiel* erinnernd) [...]
Im Chicagoer Theaterleben ist auf einmal etwas los. Dieser *Galileo* (zusammen mit Steppenwolfs *Bang*, Remains' *Puntila* und *Highest Standard of Living* und Northlights bevorstehendem *Free Advice From Prague*) zeugt von einem plötzlich starken Interesse für harte Fragen. In Reagans sechstem Jahr beschäftigen sich unsere Theater endlich mit echter Sozialkritik. Und das auf wirklich hervorragende Weise [...]. Falls, der sich sonst darin zu spezialisieren schien, politischen Implikationen von Texten aus dem Weg zu gehen, indem er sie ästhetisierte, ist nun, o Ironie, in Chicagos Elitetheater (das von den Fields und Crowns und Pritzkers subventioniert wird) und produziert ein großartiges Werk von politischer Brisanz, dem er durch seine Bildersprache noch größere Kraft verleiht. Es hat sich etwas geändert.«

(*Anthony Adler* in: Reader, 24. Oktober 1986; aus dem Englischen übersetzt v. H. Knust)

PARIS: COMÉDIE FRANÇAISE, APRIL 1990

Regie: Antoine Vitez; Bühnenbild: Yannis Kokkos

»Das Fernrohr, mit dem in der dritten Szene des ›Galilei‹ der Himmel abgeschafft wird, steht in der Comédie Française ganz vorn an der Rampe, dem Publikum unmittelbar vor die Nase gesetzt und aufs Deckenfresko des Zuschauerraums gerichtet. Im Theater von Gennevilliers tauchen die Götter des ›Guten Menschen von Sezuan‹ aus den Zuschauerrängen auf und kriechen aus Kanalisationsröhren, bevor sie im Aufzug nach oben entschwinden.
Was derzeit in Frankreich vorgeht, an der Comédie Française, in Gennevilliers oder in Marseille – wo Marcel Maréchal ›Herr Puntila und sein Knecht Matti‹ probt –, ist nach mehrjähriger Pause ein kritischer Neuversuch mit dem brechtschen Theater unter dem Eindruck des Zusammenkrachens der Gesellschaftsutopie. Brecht, der Zweifler, tritt vor Brecht, den Besserwisser. Das Experiment ist nicht ganz neu, aber dennoch fesselnd.
Wie in einer Versuchsanordnung schiebt Antoine Vitez an der Comédie Française die Szenen

vom ›Leben des Galilei‹ mosaikhaft ineinander. Der Bühnenbildner Yannis Kokkos hat dafür eine jäh endende Straßenflucht konstruiert, die er mit halb gezogenen Vorhängen und Wandelementen in einzelne Bildsegmente mit wechselnden Durchblicken trennt. Das ptolemäische Weltmodell vor dem Kirchlein zu Padua im Hintergrund, der stolze Bug eines Frachtschiffs im fernen Hafen des aufgeklärten Venedig, die strenge Rundung der Peterskuppel im Fenster des Collegium Romanum, gleißende Lichtflut über dem neu gewählten Papst Urban VIII. im vatikanischen Halbdunkel – wie kein anderer versteht Vitez mit solchen Bildern Makro- und Mikrokosmos szenisch zu verbinden.
Durch den Papstwechsel ermutigt, kehrt Galilei nach achtjährigem Schweigen zu seinen Forschungen zurück und spiegelt Sonnenflecken auf eine Leinwand, während hoch oben im Fenster seine Tochter Virginia ins Brautkleid schlüpft – umsonst, denn wie sie in der Szene erscheint und, schattenwerfend, dem Vater durchs Projektionsbild tappt, ist der Bräutigam schon weggeschickt. ›Ja, wir werden alles, alles noch einmal infrage stellen‹, kommentiert Galilei sein Vorgehen und es ist, als klinge dabei politische Aktualität mit.
Darf ein Mensch dem System geopfert werden? Wo wird List schuldhaft, wo Feigheit zur Tugend? Vitez, der bis 1980 als Mitglied der Kommunistischen Partei selbst der Systemutopie huldigte, lässt das galileische Dilemma in all diesen Nebentönen ausspielen. Wo nicht nur der theologische, sondern auch der utopische Himmel abgeschafft ist, treten die Verwalter auf den Plan. Pierre Vial windet sich als wackerer Kurator der Universität von Padua wie eine leibhaftige Rentabilitätskurve durch den Raum, in Rom huschen namenlose Funktionäre zahllose Treppen hinauf und hinunter und Michel Favory tritt als Eisengießer Vanni mit schwarzem Unternehmerzylinder aus dem leeren Bühnenhorizont, als sei er der Metaphysik eines De Chirico entlaufen.
Wie im Vexierbild wird die Figur des Gelehrten zwischen Fügsamkeit und Trotz, Zynismus und Emphase hin- und hergewendet und das Bühnengeschehen bald zur Totale geweitet, bald zum Detail an die Rampe gerückt. Roland Bertin findet als Titelfigur zu einer beinah faustischen Dichte. Kraftvolle, aber nie polternde Lebenslust, leidenschaftlich mitteilsamer Erkenntniseifer, von plötzlichen Leiden überschattet, Tatendrang, der in besonnenem Zuhören sich zurücknimmt: Dieser Galilei hat nichts vom fortschrittssüchtigen Springinsfeld.
Die Schilderung des in Skrupeln sich verzehrenden kleinen Mönchs (Redjep Mitrovitsa) von den einfachen Romagna-Bauern und ihrem Bedürfnis nach Sinn und Geborgenheit hört er aufmerksam an und den Schüler Andrea, ein braver Epigone mit Aktentasche (Jean-Yves Dubois), entlässt er am Ende lakonisch mit dem geheimen Manuskript: ›Gib Acht auf dich, wenn du durch Deutschland kommst, die Wahrheit unter dem Rock.‹ Von dieser Wahrheit scheint Galilei zwar noch überzeugt, von ihrer Wirkung aber schon weniger, und das letzte Wort hat auch in dieser – um die Schlussszene gekürzten – Aufführung seine Tochter Virginia.
Valérie Dréville nimmt dieser Figur alle Banalität des wunschlos unglücklichen Mädchens. Vom schnippischen Wort bis zum gehauchten Verstummen und zum flehenden Gebet trägt sie jene blinden Stellen des kleinen Glücks durch die Szene, welche die große Geschichte meist übersieht: An solchen Kreaturen haben Wissens- und Machtsysteme – manchmal in bester Absicht – tausendfach sich vergangen und tausendfach behalten sie Unrecht. Über diesem Regieprogramm kommt Brechts etwas hölzerne Dialektik in Bewegung und treibt in Eloi Recoings eleganter Übersetzung davon ins klassische Repertoire der Comédie Française. [...]
Im Getriebe von Brechts Dialektik ist Sand und gerade das macht sie wieder aktuell. Eine Welt, die den Himmel abschafft, die Götter als wandelnde Hypothesen durch die Vorstädte treibt und das Fressen vor die Moral setzt, hat nur noch ihr eigenes Überleben zum Thema. Im Stocken verliert das brechtsche Theater zwar seine Aura des programmatischen Schliffs, gewährt aber neuen Einblick in dessen Funktionsplan. Und dem sind Frankreichs Regisseure auf der Spur.«

(*Joseph Hanimann* in: Frankfurter Allgemeine Zeitung, 11. April 1990)

8 Literaturverzeichnis (Auswahl)

Ausgaben

Leben des Galilei. 25. Aufl., 1106.–1145. Tausend. Frankfurt/M.: Suhrkamp 1980 = edition suhrkamp 1 [auf diese Ausgabe beziehen sich die Hinweise im Text, falls nicht anders angegeben]

Entwürfe und Teile aus der 7., 9., 10. sowie die 12. Szene des ›Ur-Galilei‹. In: *Ernst Schumacher:* Drama und Geschichte. Bertolt Brechts ›Leben des Galilei‹ und andere Stücke. Berlin: Henschel ^{2}1968, S. 20–40, 79–80, 387–389

Leben des Galilei. Erste Fassung 1938/39, 8., 9. und 13. Szene. In: *Gerhard Szczesny:* Das Leben des Galilei und der Fall Bertolt Brecht. Frankfurt/M.: Ullstein 1966, S. 103–128

Galileo (2. Fassung). In: From the Modern Repertoire, II. Hg. v. *Eric Bentley.* Bloomington: Indiana Univ. Press 1952

Galileo (2. Fassung). In: Bertolt Brecht. Collected Plays, V. Hg. v. *Ralph Manheim* und *John Willett.* New York: Random House/Vintage 1972 [zitiert als CP]

Leben des Galilei. In: *Bertolt Brecht,* Gesammelte Werke in 20 Bänden = werkausgabe edition suhrkamp III. Frankfurt/M.: Suhrkamp 1967

Leben des Galilei (1938/39), Galileo (English Adaptation 1947), Leben des Galilei (1955/56). In: *Bertolt Brecht*, Werke. (Große kommentierte Berliner und Frankfurter Ausgabe. Hg. v. *Werner Hecht, Jan Knopf, Werner Mittenzwei, Klaus-Detlev Müller*), Bd. 5. Berlin: Aufbau und Frankfurt/M.: Suhrkamp 1988

Teile der Hanns Eislerschen Musik zu ›Leben des Galilei‹ und eine Episode aus einer Fassung der 14. Szene des Stücks. In: Versuche, Heft 15, S. 105–133. Berlin: Suhrkamp (bzw. Aufbau) 1957

Weitere Schriften Brechts, auf die verwiesen wird

Schriften zum Theater. In: Gesammelte Werke in 20 Bänden = werkausgabe edition suhrkamp XV-XVII. Frankfurt/M.: Suhrkamp 1967 [zitiert als GW]

Arbeitsjournal. 3 Bde. Hg. v. *Werner Hecht.* Frankfurt/M.: Suhrkamp 1973 [zitiert als AJ]

Materialien zu Brechts ›Leben des Galilei‹. Zusammengestellt v. *Werner Hecht.* Frankfurt/M.: Suhrkamp 1963 = edition suhrkamp 44 [enthält Brechts Äußerungen zum Galilei (vgl. GW XVII, S. 1103–1133); Aufbau einer Rolle: Laughtons Galilei; Aufsätze v. E. Schumacher und K. Rülicke-Weiler, sowie Aufführungs- und Rezensionsverzeichnis; ab 4. Aufl. 1968 auch die ›Gedichte‹ zum Galilei] [zitiert als Mat. I]

Brechts Leben des Galilei. Hg. v. *Werner Hecht.* Frankfurt/M.: Suhrkamp 1981 = suhrkamp taschenbuch materialien 2001 [ergänzt und ersetzt Mat. I; enthält exemplarische Gegenüberstellung von »Dänischer« und »Berliner Fassung«, Selbstaussagen, Dokumentation zur Theaterarbeit 1947–1978, Aufführungs- und Literaturverzeichnis; Beiträge von J. Knopf, E. Schumacher, W. Mittenzwei] [zitiert als Mat. II]

Aufbau einer Rolle: Laughtons Galilei. Berlin: Henschel 1956 (ohne Szenenfotos auch in: Mat. I, S. 38–78; Mat. II, S. 77–111)

Tagebücher 1920–22. Autobiografische Aufzeichnungen 1920–1954. Hg. v. *Herta Ramthun.* Frankfurt/M.: Suhrkamp 1975

Brechts Theorie des Theaters: Materialien. Hg. v. *Werner Hecht.* Frankfurt/M.: Suhrkamp 1986

Bibliografie

Bohnert, Christiane: Auswahlbibliografie zu Bertolt Brecht und seinem dramatischen Werk. In: Brechts Dramen. Neue Interpretationen. Hg. v. *Walter Hinderer.* Stuttgart: Reclam 1984, S. 405–445

Bertolt-Brecht-Archiv. Bestandsverzeichnis des literarischen Nachlasses. 4 Bde. Bearb. v. *Herta Ramthun.* Berlin, Weimar: Aufbau 1969–1973 [zitiert als BBA]

Brecht-Bücher der DDR. Eine Bibliografie aus Anlass des 80. Geburtstages von Bertolt Brecht. Bearb. v. *Maritta Rost*. Leipzig: Deutsche Bücherei 1977 = Bibliografischer Informationsdienst der Deutschen Bücherei Nr. 20
Bock, Stephan: Brecht, Bertolt. Auswahl- und Ergänzungsbibliografie. Bochum: Brockmeyer 1979
Grimm, Reinhold: Bertolt Brecht. 3.,völlig neu bearb. Aufl. Stuttgart: Metzler 1971 = Sammlung Metzler 4
Knopf, Jan: Bertolt Brecht. Ein kritischer Forschungsbericht. Fragwürdiges in der Brecht-Forschung. Frankfurt/M.: Athenäum Fischer Taschenbuchverlag 1974
Nubel, Walter: Bertolt Brecht Bibliografie. In: Sinn und Form. Beiträge zur Literatur. 2. Sonderheft Bertolt Brecht. Berlin 1957, S. 481–628
Petersen, Klaus-Dietrich: Bertolt-Brecht-Bibliografie. Bad Homburg: Gehlen 1968
Petersen, Klaus-Dietrich: Kommentierte Auswahlbibliografie. In: Text und Kritik. Sonderband Bertolt Brecht I. München 1972, S. 141–158
Seidel, Gerhard: Bibliografie Bertolt Brecht. Titelverzeichnis Band I: Deutschsprachige Veröffentlichungen aus den Jahren 1913–1972. Berlin, Weimar: Aufbau 1975
Völker, Klaus: Verzeichnis sämtlicher Stücke, Bearbeitungen und Fragmente zu Stücken von Bertolt Brecht. In: Text und Kritik. Sonderband Bertolt Brecht II. München 1973, S. 210–225

Darstellungen zu Leben und Werk

Bertolt Brecht – Aspekte seines Werkes, Spuren seiner Wirkung. Hg. v. *Helmut Koopmann* und *Theo Stamm*. München: Vögel 1983
Bertolt Brecht. Leben und Werk im Bild. Mit autobiografischen Texten, einer Zeittafel und einem Essay von *Lion Feuchtwanger*. Frankfurt/M.: Insel 1979 = insel taschenbuch 406
Bertolt Brecht. Sein Leben in Bildern und Texten. Hg. v. *Werner Hecht*. Vorw. v. *Max Frisch*. Frankfurt/M.: Suhrkamp 1978
Brandt, Thomas: Die Vieldeutigkeit Bertolt Brechts. Heidelberg: Stiehm 1968
Buhl, Barbara: Bilder der Zukunft: Traum und Plan. Utopie im Werk Bertolt Brechts. Bielefeld: Aisthesis 1988
Demange, Camille: Bertolt Brecht. Paris: Seghers 1967
Desuché, Jaques: Bertolt Brecht. Paris: Presses Univ. de France 1963
Dickson, Keith A.: Towards Utopia. A Study of Brecht. Oxford: Clarendon 1978
Dümling, Albrecht: Lasst euch nicht verführen: Brecht und die Musik. München: Kindler 1985
Engberg, Harald: Brecht auf Fünen. Exil in Dänemark 1933–1939. Wuppertal: 1974 (zuerst dän. 1966)
Ekmann, Bjorn: Gesellschaft und Gewissen. Die sozialen und moralischen Anschauungen Bertolt Brechts und ihre Bedeutung für seine Dichtung. Kopenhagen: Munksgaard 1969
Esslin, Martin: Brecht. Das Paradox des politischen Dichters. Frankfurt/M.: Athenäum 1962 (zuerst engl. 1959)
Ewen, Frederic: Bertolt Brecht. Sein Leben, sein Werk, seine Zeit. Düsseldorf, Hamburg: Claassen 1970 (zuerst engl. 1967; dt. auch suhrkamp taschenbuch 141, 1973)
Fassmann, Kurt: Brecht. Eine Bildbiografie. München: Kindler 1958
Fradkin, Ilja: Bertolt Brecht. Weg und Methode. Leipzig: Reclam 1974
Fuegi, John: The Essential Brecht. University of Southern California Studies in Comparative Literature IV. Los Angeles: Hennessey & Ingalls 1972
Grimm, Reinhold: Bertolt Brecht. Die Struktur seines Werkes (1959). 5., durchges. u. erg. Aufl. Nürnberg: Hans Carl 1968 = Erlanger Beiträge zur Sprach- u. Kunstwissenschaft V [zitiert als Grimm II]
Hecht, Werner, Hans-Joachim Bunge, Käthe Rülicke-Weiler: Bertolt Brecht. Sein Leben und Werk. Berlin: Volk und Wissen 1962
Hill, Claude: Bertolt Brecht. München: Francke 1978 = Uni-Taschenbücher 694 (zuerst engl. 1975)
Hinck, Walter: Die Dramaturgie des späten Brecht. 5., durchges. Aufl. Göttingen: Vandenhoeck & Ruprecht 1971 = Palaestra 229

Holthusen, Hans Egon: Versuch über Brecht. In: Kritisches Verstehen. München: Piper 1961, S. 7–137
Hultberg, Helge: Die ästhetischen Anschauungen Bertolt Brechts. Kopenhagen: Munksgaard 1962
Jendreiek, Helmut: Bertolt Brecht. Drama der Veränderung. Düsseldorf: Bagel 1969
Karasek, Hellmuth: Bertolt Brecht. Der jüngste Fall eines Theaterklassikers. München: Kindler 1978
Kaufmann, Hans: Bertolt Brecht. Geschichtsdrama und Parabelstück. Berlin: Rütten & Loening 1962
Kesting, Marianne: Bertolt Brecht in Selbstzeugnissen und Bilddokumenten. Reinbek: Rowohlt 1959
Klotz, Volker: Bertolt Brecht. Versuch über das Werk. Bad Homburg: Gentner 1957
Knopf, Jan: Brecht Handbuch. Theater. Eine Ästhetik der Widersprüche. Stuttgart: Metzler 1980 [zitiert als Knopf II]
Lattmann, Dieter: Kennen Sie Brecht? Stationen seines Lebens. Stuttgart: Reclam 1988
Ley, Ralph: Brecht as Thinker. Studies in Literary Marxism and Existentialism (Normal, Illinois) Applied Literature 1979 = Illinois Language and Culture Series 6
Lyon, James K.: Bertolt Brecht in Amerika. Frankfurt/M.: Suhrkamp 1984
Mayer, Hans: Brecht in der Geschichte. Drei Versuche. Frankfurt/M.: Suhrkamp 1971
Mittenzwei, Werner: Das Leben des Bertolt Brecht oder: Der Umgang mit den Welträtseln. 2 Bde. Berlin: Aufbau 1986; Frankfurt/M.: Suhrkamp 1987
Mittenzwei, Werner: Brecht als Gegenstand der Biografie. (Sitzungsberichte der Akademie der Wissenschaften, Reihe Gesellschaftswissenschaften) Berlin: Akademie-Verlag 1989
Müller, Klaus-Detlef: Die Funktion der Geschichte im Werk Bertolt Brechts. Studien zum Verhältnis von Marxismus und Ästhetik. 2., erw. Aufl. Tübingen: Niemeyer 1972 = Studien zur deutschen Literatur
Qureshi, Quayum: Pessimismus und Fortschrittsglaube bei Bert Brecht. Köln, Wien: Böhlau 1971 = Literatur und Leben 15
Rischbieter, Henning: Bertolt Brecht. 2 Bde. Velber: Friedrich 1966 ^{2}1968, ^{3}1970) = Friedrichs Dramatiker des Welttheaters Bd. 13/14
Rülicke-Weiler, Käthe: Die Dramaturgie Brechts. Theater als Mittel der Veränderung. Berlin: Henschel 1966, 3. rev. Aufl. 1981
Schumacher, Ernst und *Renate:* Leben Brechts in Wort und Bild. Berlin: Henschel 1978
Sternberg, Fritz: Der Dichter und die Ratio. Erinnerungen an Bertolt Brecht. Göttingen: Sachse & Pohl 1963
Thomas, Linda L.: Ordnung und Wert der Unordnung bei Bertolt Brecht. Bern: Lang 1979
Völker, Klaus: Brecht-Chronik. Daten zu Leben und Werk. München: Hanser 1971 = Reihe Hanser 74
*Völker, Klaus:*Bertolt Brecht. Eine Biografie. München: Hanser 1976
White, Alfred D.: Bertolt Brecht's Great Plays. London: Macmillan (New York: Harper & Row) 1978 [zitiert als White I]
Willett, John: Das Theater Bertolt Brechts. Eine Betrachtung. Reinbek: Rowohlt 1964 (zuerst engl. 1959, ^{3}1968)

Interpretationen, Essays, Einzelaspekte

Alter, Maria P.: The Role of the Scientist: A Fall from Grace. In: Communications of the International Brecht Society 18 (1989), S. 53-64
Beckley, Richard: History and Heroism in Bertolt Brecht's Historical Plays. In: Gestus 1/3-4 (1985-86), S. 51-61
Beckley, Richard: Brecht: The Reality and the Ideal. In: Gestus 2/1 (1986), S. 37-46
Bentley, Eric: Galileo (I). In: The Brecht Commentaries 1943–1980. New York: Grove (London: Methuen) 1981, S. 183–208
Bentley, Eric: Galileo (II). In: The Brecht Commentaries 1943–1980. New York: Grove (London: Methuen) 1981, S. 209–214
Berckman, Edward M.: Brecht's ›Galileo‹ and the Openness of History. In: Modernist Studies. Literature and Culture 1920–1940, 1 (1974), Nr. 2, S. 41–50

Beyersdorf, Peter: Bertolt Brecht. Leben des Galilei. Zur Problematik des Stoffes. Hollfeld: Beyer 1977

Borchardt, Frank K.: Marx, Engels and Brecht's Galileo. In: Brecht heute 2 (1972), S. 149–163

Brinkmann, Karl: Erläuterungen zu Bertolt Brechts ›Leben des Galilei‹. Hollfeld: Bange o. J. = Königs Erläuterungen, Bd. 293

Buck, Theo: Dialektisches Drama, dialektisches Theater. Anmerkungen zu Brechts ›Leben des Galilei‹. In: Zu Bertolt Brecht. Parabel und episches Theater. Hg. v. *Theo Buck.* Stuttgart: Klett-Cotta 1979 = LGW Interpretationen 41, S. 127–139

Buehler, George: Brechts's ›Life of Galileo‹: From Hero to Anti-Hero for the Sake of Progress. In: University of Dayton Review 14 (Spring 1980), S. 39–45

Bunge, Hans: Fragen Sie mehr über Brecht. Hanns Eisler im Gespräch. München: Rogner & Bernhard 1970

Caldwell, Ellen C.: Poststructuring Brecht: Pluralism and Propaganda in ›Galileo‹. In: Communications from the International Brecht Society 17/2 (1988), S. 38–47

Charbon, Rémy: Die Naturwissenschaften im modernen deutschen Drama. Zürich, München: Artemis 1974

Chartier, Pierre: Un héros de notre temps: Le Galilée de Brecht. In: Temps Modernes 45/527 (1990), S. 159-169

Cohen, M. A.: History and Moral in Brecht's ›The Life of Galileo‹. In: Contemporary Literature 11 (1979), S. 80–97

Deghaye, Pierre: Galilée marxiste et le mysticisme astral. Essai sur la Vie de Galilée de Bertolt Brecht. Paris: Editions de la difference 1977

Demetz, Peter: Galileo in East Berlin: Notes on the Drama in the DDR. In: The German Quarterly 37 (1964), S. 239–245

Deutscher, Isaac: The Prophet Outcast. Trotsky 1929 – 1940. London: Oxford 1963

Dieckmann, Friedrich: Wissenschaft und Politik. Zu Brechts ›Galilei‹. In: F. D.: Streifzüge, Aufsätze und Kritiken. Berlin, Weimar: Aufbau-Verlag 1977, S. 126–132, 353 f.

Dieckmann, Friedrich: ›Galilei‹-Komplikationen. In: Weimarer Beiträge 34/2 (1988), S. 213–229

Dort, Bernard: ›La vie de Galilée‹: Parabole et drame historique. In: Marche Romane 10 (1970), Nr. 3, S. 7–20

Dürrenmatt, Friedrich: Theaterschriften und Reden. Zürich: Arche 1966

Eisler, Hanns: Aufbau einer Rolle. Buschs Galilei. Berlin: Henschel 1958

Fehn, Ann Clark: Vision and Blindness in Brecht's ›Leben des Galilei‹. In: The Germanic Review 53 (1978), S. 27–34

Fischer, Gudrun: u.a.: Brechts ›Leben des Galilei‹. Versuche zur Behandlung in Klasse 12. In: Deutschunterricht (Berlin) 13 (1960), S. 149–158

Fradkin, Ilja: Die Verantwortung vor der Menschheit. In: Aufbau 13 (1957), S. 186–194

Frenzel, Elisabeth: Galilei, Galile. In: Stoffe der Weltliteratur. Stuttgart: Kröner 6 1983, S. 237f.

Garrido, Manuel S.: Tentativa del heroe: Poder, cultura y supervivencia. In: Cuadernos Americanos 264/1 (1986), S. 91-121

Gehrke, Hans: Bertolt Brecht. Der gute Mensch von Sezuan. – Leben des Galilei. Hollfeld: Beyer 1973 = Analysen und Reflexionen 3

Geissler, Rolf: ›Leben des Galilei‹. In: Zur Interpretation des modernen Dramas: Brecht – Dürrenmatt – Frisch. Hg. v. *R. Geissler.* Frankfurt: Diesterweg 1970, S. 49–66

Gilli, Marita: Problèmes de structure et d'interprétation dans deux pièces de Brecht: ›Maître Puntila et son valet Matti‹ et ›La vie de Galilée‹. In: Recherches en linguistique étrangère. Avant-propos de Georges Brunet. Paris: Les belles Lettres 1973, S. 117–150

Grimm, Reinhold: Ideologische Tragödie und Tragödie der Ideologie. In: Zeitschrift für deutsche Philologie 78 (1959), S. 395–424 [zitiert als Grimm III]

Grimm, Reinhold: Zwischen Tragik und Ideologie. In: Strukturen. Essays zur deutschen Literatur. Göttingen: Sachse & Pohl 1963, S. 248–271

Grimm, Reinhold: Die Luthersprache im Munde Brechts. In: Deutsche Sprache. Zeitschrift für Theorie, Praxis, Dokumentation 14 (1986), S. 235–242

Grimm, Roderich: Verfremdung in Bertolt Brechts ›Leben des Galilei‹. Frankfurt/M., Bern: Lang 1987

Groseclose, John Sidney: Scene Twelve of Bertolt Brecht's ›Galilei‹: A Structural Study. In: Monatshefte 62 (1970), S. 367–382

Hacks, Peter: Literatur im Zeitalter der Wissenschaften. (Rede auf einer PEN-Diskussion im November 1959) In: Das Poetische. Ansätze zu einer postrevolutionären Dramaturgie. Frankfurt/M.: Suhrkamp 1972 = edition suhrkamp 544, S. 13–22

Hafen, Hans: Bertolt Brecht ›Leben des Galilei‹. In: Der Deutschunterricht (Stuttgart) 13 (1961), Heft 4, S. 71–92

Hecht, Werner: Nochmals ›Leben des Galilei‹. In: Deutschunterricht (Berlin) 13 (1960), S. 296–299

Hemleben, Johannes: Galileo Galilei in Selbstzeugnissen und Bilddokumenten. Reinbek: Rowohlt 1969

Herrmann, Dieter: Galilei und Bertolt Brecht. In: *D. Wattenberg:* Galileo Galilei. Werk und Tragödie im Umbruch seiner Zeit. Berlin 1964 = Archenhold- Sternwarte. Berlin-Treptow. Vorträge und Schriften 17, S. 37–46

Hoy, Hans: Szenenübersicht zu Brechts ›Leben des Galilei‹. In: Deutschunterricht (Berlin) 26 (1973), S. 79–86

Jungk, Robert: Heller als tausend Sonnen. Das Schicksal der Atomforscher. Bern: Scherz 1962

Karnick, Manfred: Brecht und Calderón. Bemerkungen zum ›Leben des Galilei‹ und zum ›Guten Mensch von Sezuan‹. In: Mittelalter-Rezeption. Gesammelte Vorträge des Salzburger Symposiums »Die Rezeption mittelalterlicher Dichter und ihrer Werke in Literatur, Bildender Kunst und Musik des 19. und 20. Jahrhunderts«. Hg. v. *Joachim Kühnel, Hans-Dieter Mück* und *Ulrich Müller.* Göppingen: Kümmerle 1979, S. 365–379

Karnick, Manfred: Rollenspiel und Welttheater. Untersuchungen an Dramen Calderóns, Schillers, Strindbergs, Becketts und Brechts. München: Fink 1980

Kelsch, Wolfgang: Bert Brecht ›Leben des Galilei‹. Versuch einer Interpretation. In: Die Pädagogische Provinz 17 (1963), S. 274–285

Klein, Johannes: Ein Thema – zwei Variationen. Galilei bei Bertolt Brecht und Gertrud von Le Fort. In: Welt und Wort 12 (1957), S. 231–234

Knopf, Jan: Bertolt Brecht und die Naturwissenschaften. In: Brecht Jahrbuch 1978. Frankfurt/M.: Suhrkamp 1978, S. 13–38 (auch in: Mat. II, S. 163–188)

Knust, Herbert: Brechts Dialektik vom Fressen und von der Moral. In: Brecht heute 3 (1973), S. 221–250

Knust, Herbert: From Faust to Oppenheimer: The Scientist's Pact with the Devil. In: Journal of European Studies 13 (1983), S. 122–141

Knust, Herbert: Brechts Galileo-Evangelium. In: Euphorion 79 (1985), H. 2, S. 207–225

Knust, Herbert: Aufstieg und Fall der Wissenschaftsapostel: Zur Literarisierung der ›Physiker‹. In: Sprache im technischen Zeitalter 98 (1986), S. 120–134

Knust, Herbert: Fuchs, du hast die Gans gestohlen...Zu einem Motiv bei Hauptmann, Brecht und Frisch. In: The German Quarterly 59 (1986), S. 34–51

Knust, Herbert: Kontexte: Beobachtungen zu Brechts Galileo. In: Grenzerfahrung – Grenzüberschreitung: Festschrift für P. M. Mitchell. Hg. v. *Leonie Marx* und *Herbert Knust.* Heidelberg: Winter 1988, S. 215–227

Koelwel, Eduard: Einige Sprachbesonderheiten in Brechts ›Galilei‹. In: Von der Art zu schreiben. Essays über philosophische und dichterische Ausdrucksmittel. Halle: Sprache und Literatur 1962, S. 180–183

Kraemer, Hans-Alfred: Brechts ›Leben des Galilei‹ – Versuch einer Interpretation für die Schule. In: Deutschunterricht (Berlin) 12 (1959), S. 262–293

Lauterbach, Konstanze, Bernhard Kartheus: Beziehungen zu Shakespeare in Brechts ›Galilei‹. In: Shakespeare-Jahrbuch 115 (1979), S. 83–86

Ley, Ralph J.: Francis Bacon, ›Galileo‹ and the Brechtian Theater. In: Essays on Brecht. Theater and Politics. Hg. v. *Siegfried Mews* und *Herbert Knust.* Chapel Hill: Univ. of North Carolina 1974, S. 174–189

Livingstone, Rodney: Is Galilei a Tui? In: Antipodische Aufklärungen: Festschrift für Leslie Bodi. Hg. v. *Walter Veit.* Frankfurt/M., Bern: Lang 1987, S. 241–258

Lucke, Hans: Schulpraktischer Kommentar zu Brechts ›Leben des Galilei‹. In: Der Deutschunterricht (Stuttgart) 20 (1968), Heft 3, S. 67–84

Lüthy, Herbert: Fahndung nach dem Dichter Bertolt Brecht. In: Nach dem Untergang des Abendlandes. Köln: Kiepenheuer & Witsch 1964, S. 131–185

Lyons, Charles R.: The Life of Galileo: The Focus of Ambiguity in the Villain Hero‹. In: Germanic Review 41 (1966), S. 57–71

Massberg, Uwe: Der gespaltene Mensch. Vergleichende Interpretationen der Physiker-Dramen von Brecht, Dürrenmatt, Zuckmayer und Kipphardt auf der Oberstufe. In: Der Deutschunterricht (Stuttgart) 17 (1965), Heft 6, S. 56–74

Mayer, Hans: Brecht und Dürrenmatt oder Die Zurücknahme. In: Sinn und Form 14 (1962), 5. und 6. Heft, S. 667–683 (auch in: Anmerkungen zu Brecht. Frankfurt/M.: Suhrkamp 1965 = edition suhrkamp 143, S. 56–83)

Mayer, Hans: Galilei und die Folgen. In: Festschrift für E. W. Herd. Hg. v. *August Obermayer.* Dunedin (New Zealand): University of Otago 1980, S. 167–179

Miklitsch, Robert: Performing Difference: Brecht, Galileo, and the Regime of Quotations. In: Journal of Dramatic Theory and Criticism 6 (1991), S. 15-28

Milfull, John: From Baal to Keuner. The ›Second Optimism‹ of Bertolt Brecht. Bern: Herbert Lang 1974 (Frankfurt/M.: Peter Lang 1974)

Mittenzwei, Werner: Bertolt Brecht. Von der ›Maßnahme‹ zu ›Leben des Galilei‹. Berlin: Aufbau 1962

Müller, Joachim: Verantwortung im Drama. Brechts ›Galilei‹ und Dürrenmatts ›Physiker‹. In: J. M.: Epik, Dramatik, Lyrik. Halle (Saale): Mitteldeutscher Verlag 1974, S. 369–377, 450 f.

Müller, Klaus-Detlef: Bertolt Brechts ›Leben des Galilei‹. In: Geschichte als Schauspiel. Deutsche Geschichtsdramen. Interpretationen. Hg. v. *Walter Hinck.* Frankfurt/M: Suhrkamp 1981, S. 240–253

Nägele, Rainer: Zur Struktur von Brechts ›Leben des Galilei‹. In: Der Deutschunterricht (Stuttgart) 23 (1971), H. 1, S. 86–99

Norregaard, Hans Christian: Zur Entstehung von Brechts ›Leben des Galilei‹. In: Text & Kontext 26, Supp. (1988), S. 65-86.

Ogan, Bernd: Alle Fragen weiterhin offen. Bertolt Brecht: ›Leben des Galilei‹. In: Tribüne 17 (1978), S. 154–158

Paulsell, Patricia R.: Brecht's Treatment of the Scientific Method in His ›Leben des Galilei‹. In: German Studies Review 11 (1988), S. 267–284

Plachta, Bodo: Der ›Stückeschreiber‹ als Regisseur: Editorische Konsequenzen aus Brechts Regiearbeit am Galilei. In: Textkonstitution bei mündlicher und bei schriftlicher Überlieferung. Hg. v. *Martin Stern* u. a. Tübingen: Niemeyer 1991, S. 197-208

Pohl, Rainer: Strukturelemente und Entwicklung von Pathos-Formen in der Dramensprache Bertold Brechts (sic). Bonn: Bouvier 1969 = Bonner Arbeiten zur deutschen Literatur 20

Ries, Wolfgang: Schemel oder Priap, Schemel oder Tisch: Produktive Horaz-Lektüre in Brechts ›Galilei‹. In: Gymnasium 83 (1976), S. 415–422

Rohrmoser, Günter: Das Leben des Galilei (sic). In: Das deutsche Drama vom Barock bis zur Gegenwart. Interpretationen. Hg. v. *Benno von Wiese.* Bd 2. Düsseldorf: Bagel 1958, S. 401–414

Rülicke, Käthe: Leben des Galilei. Bemerkungen zur Schlussszene. In: Sinn und Form 9 (1957). 2. Sonderheft Bertolt Brecht, S. 269–321 (auch in Mat. I, S. 91–152) [zitiert als Rülicke II]

Santillana, G. de: The Crime of Galileo. Chicago: Chicago Univ. Press 1955

Sautermeister, Gert: Zweifelskunst, abgebrochene Dialektik, blinde Stellen: ›Leben des Galilei‹ (3. Fassung, 1955). In: Brechts Dramen – Neue Interpretationen. Hg. v. *Walter Hinderer.* Stuttgart: Reclam 1984, S. 125–161

Schöne, Albrecht: Säkularisation als sprachbildende Kraft. Studien zur Dichtung deutscher Pfarrersöhne. Göttingen: Vandenhoeck & Rupprecht [2]1968

Schrader, Bärbel: Brechts ›Leben des Galilei‹ – Entstehung und Wandlung eines Werkes für das Theater der Zeit. In: Weimarer Beiträge (1988), S. 199–212

Schumacher, Ernst: Brechts ›Galilei‹. Form und Einfühlung. In: Sinn und Form 12 (1960), S. 510–530 (auch in: Mat. I, S. 153–170; II, S. 189–203) [zitiert als Schumacher I]

Schumacher, Ernst: Der Fall Galilei. Das Drama der Wissenschaft. Berlin: Deutscher Verlag der Wissenschaften (Darmstadt: Progress) 1964

Schumacher, Ernst: Drama und Geschichte. Bertolt Brechts ›Leben des Galilei‹ und andere Stücke. Berlin: Henschel 1965, ^{2}1968 [zitiert als Schumacher II]
Seiffert, Lothar: Brechts ›Leben des Galilei‹ in den Physikunterricht! In: Mathematik, Physik, Astronomie in der Schule 5 (1958), S. 289–294
Servin, Micheline: Antoine Vitez, La Vie de Galilée. In: Temps Modernes 45, 527 (1990), S. 170-191
Simpson, Patricia Anne: Revolutionary Reading: The Circulation of Truth in Brecht's ›Leben des Galilei‹. In: The Brecht Yearbook 15 (1990), S. 165-184
Sokel, Walter H.: Brecht's Split Characters and His Sense of the Tragic. In: Brecht. A Collection of Essays. Hg. v. *Peter Demetz.* Englewood Cliffs: Prentice Hall 1962, S. 127–137. (Dt.: Brechts gespaltene Charaktere und ihr Verhältnis zur Tragik. In: Tragik und Tragödie. Hg. v. *Volkmar Sander.* Darmstadt: Wissenschaftliche Buchgesellschaft 1971 = Wege der Forschung 108, S. 381–396)
Sorensen, Otto M.: Brecht's ›Galileo‹: Its Development from Ideational into Ideological Theater. In: Modern Drama 11 (1969), S. 410–422
Stern, Guy: The Plight of the Exile: A Hidden Theme in Brecht's ›Galileo Galilei‹. In: Brecht heute (1971), S. 110–116
Suvin, Darko: Brecht's Parable of the Heavenly Food: ›Life of Galileo‹. In: The Brecht Yearbook 15 (1990), S. 187-214
Szczesny, Gerhard: Das Leben des Galilei und der Fall Bertolt Brecht. Frankfurt/M.: Ullstein 1966 = Dichtung und Wirklichkeit 5 (gekürzt als: Bertolt Brechts ›Leben des Galilei‹: Dichtung und Wirklichkeit. Bonn: Bouvier 1986 = Sammlung Profile 22)
Szondi, Peter: Theorie des modernen Dramas. Frankfurt/M.: Suhrkamp 1956
Tretjakow, Sergej: Bert Brecht (1934). In: Die Arbeit des Schriftstellers. Hg. v. *Heiner Boehnke.* Reinbek: Rowohlt 1972, S. 146–158
Trevico, Rosa Giannetta: ›Galileo‹ il cielo negato. Contributo sociologico all'analisi della ›Vita di Galileo‹ di Bertolt Brecht. Milano: Editione D'Ars 1980
Turk, Horst: Das gestische Theater B. Brechts. In: Etudes Germaniques 44/1, 173 (1989), S. 38-53
Vansant, Jacqueline: Bertolt Brecht's ›Leben des Galilei‹: The Story of a Transformation. In: Neue Germanistik 2/1-2 (1981), S. 53-63
Völker, Klaus: Brecht und Lukács. Analyse einer Meinungsverschiedenheit. In: Kursbuch 7 (1966), S. 80–101
Weber, Betty Nance: ›The Life of Galileo‹ and the Theory of Revolution in Permanence. In: Bertolt Brecht: Political Theory and Literary Practice. Hg. v. *B. N. Weber* und *Hubert Heinen.* Athens: Univ. of Georgia 1980, S. 60–78
Weimar, Karl S.: The Scientist and Society. In: Modern Language Quarterly 27 (1966), S. 431–448
White, Alfred D.: Brecht's ›Leben des Galilei‹. Armchair Theatre? In: German Life & Letters (New Series) 27 (1974), S. 124–132
White, John J.: Brecht's ›Leben des Galilei‹: The ›Physikerdrama‹ as ›Modell‹. In: Modern Languages 65 (1984), S. 45–52
Wood, Frank: Gertrud von Le Fort and Bertolt Brecht: Counter Reformation and Atomic Bomb. In: Studies in German Literature 13. Hg. v. *Carl Hammer.* Baton Rouge: Louisiana State University Press 1963, S. 136–147, 164
Zimmermann, Werner: Brechts ›Leben des Galilei‹. Interpretation und didaktische Analyse. Düsseldorf: Schwann 1965 = Beihefte zum Wirkenden Wort 12 (2. ergänzte Auflage 1970; revidiert als: Bertolt Brecht: ›Leben des Galilei‹ – Dramatik der Widersprüche. Paderborn: Schöningh 1985)
Ziolkowski, Theodore: Fictional Transfigurations of Jesus. Princeton: University Press 1972

Zur Theater- und Wirkungsgeschichte

[Ein vollständiges Verzeichnis von Rezensionen in Tageszeitungen und Zeitschriften würde einen Band füllen; selbst eine kurze Auswahlbibliografie müsste mehr oder weniger willkürliches Stückwerk bleiben. Es seien hier nur einige Studien genannt, die Listen von Aufführungen und Besprechungen bzw. zusammenfassende Informationen zur Rezeption des Stücks enthalten.]

Bertolt Brecht on Stage – Brecht auf deutschen Bühnen. Hg. v. *Hermann Beil* u.a. Bad Godesberg: Inter Nationes 1968
Brecht-Dialog 1968. Hg. v. *Werner Hecht.* Berlin: Henschel 1968 (München: Rogner & Bernhard 1969)
Brecht 73. Brecht-Woche der DDR 9.–15. Februar 1973. Dokumentation. Hg. v. *Werner Hecht.* Berlin: Henschel 1973
Brecht 68. Brecht Dialog Kunst und Politik, 10.–15. Februar 1978. Dokumentation. Hg. v. *Werner Hecht, Karl-Claus Hahn* und *Elifius Paffrath.* Berlin: Henschel 1979
Galileo Galilei. Eine Dokumentation der Aufführung des Berliner Ensembles 1978. Red.: *Gert Hof;* Dokumentation: *Gisela Pucher.* Berlin: Brecht-Zentrum der DDR 1982
Haus, Heinz-Uwe: Gedanken *vor* einer Inszenierung des Leben des Galilei 1988 in den USA. In: Communications from the International Brecht Society 17/1 (1987), S. 21–23
Hecht, Werner: Exkurs: Brecht probiert ›Leben des Galilei‹. In: Sieben Studien über Brecht. Frankfurt/M.: Suhrkamp 1972 = edition suhrkamp 570, S. 203–212
Heinz, Wolfgang: Meine Arbeit an Brechts ›Galileo Galilei‹. In: Die Kunst der Menschendarstellung. Beiträge zur Einheit von Kunst und Politik auf dem Theater (1960–1979). Berlin: Verband der Theaterschaffenden der DDR 1979, S. 74–85
Hiley, Jim: Theatre at Work: The Story of the National Theatre's Production of Brecht's Galileo. New York: Routledge 1981
Hüfner, Agnes: Brecht in Frankreich 1930–1963. Stuttgart: Metzler 1968
Jacobs, Nichols, Prudence Ohlsen: Bertolt Brecht in Britain. London: IRAT Services Ltd/TQ Publications 1977
Kruger, Loren: Theater Translation as Reception. The Example of Brecht's ›Galileo‹. In: Communications from the International Brecht Society 14 (1985), No. 2, S. 34–47
Müller, André: Kreuzzug gegen Brecht. Darmstadt: Progress 1964
Niessen, Carl: Brecht auf der Bühne. Köln: Institut für Theaterwissenschaft der Universität 1959
Rnjak, Dušan: Bertolt Brecht in Jugoslawien. Marburg: Elwert 1972 = Marburger Beiträge zur Germanistik 39
Rouse, John: Brecht and the West German Theatre: The Practice and Politics of Interpretation. Ann Arbor: University of Michigan Press 1989
Sauter, Willmar: Brecht i Sverige. Stockholm: Akademilitteratur 1978
Schlenker, Wolfram: Brecht hinter der Großen Mauer: Zu seiner Rezeption in der Volksrepublik China. In: Brecht-Jahrbuch 1980, S. 43–137 (über Uraufführung und Rezeption des ›Galilei‹ in Peking besonders S. 86–126)
Schmidt, Klaus M. und *Fromann, Daniela:* Survey on Brecht Productions in the US and Canada from 1975/76 to 1985/86 with Comparative Figures on the FRG, GDR, and Austria. In: Gestus: The Electronic Journal of Brechtian Studies 2/3 (1986), S. 237–250
Schoeps, Karl H.: Bertolt Brecht. New York: Ungar 1977, S. 240–250
Scott, Steve and *Creamer, Tom:* ›Galileo‹ at the Goodman Theatre – Interview with Robert Falls, Artistic Director. In: Communications from the International Brecht Society 16/2 (1987), S. 68–69
Wer war Brecht. Wandlung und Entwicklung der Ansichten über Brecht (im Spiegel von) ›Sinn und Form‹. Hg. (und eingel.) v. *Werner Mittenzwei.* Berlin: Verlag das europäische Buch 1977
Wyss, Monika: Brecht in der Kritik. München: Kindler 1977, S. XXVII ff.; 234–246; 470–471; 486–488; 494–495

Ferner sei verwiesen auf die jeweiligen Kapitel zur Theatergeschichte bei *Grimm,* 1971, S. 60–62; *Mittenzwei,* S. 418–422; *Nubel,* S. 603f.; *Petersen,* 1968, S. 73–76; *Schumacher* II, S. 122–132, 198–206, 218–244, 278–282, 298–308; auf die beiden Materialienbände Mat. I, S. 174–206, Mat. II, S. 75–160, 223–238; auf die einschlägigen Beiträge in den Zeitschriften Alternative 16 (1973), Text und Kritik. Sonderband Bertolt Brecht I (1972) und II (1973), im Brecht Jahrbuch sowie auf die Rezeptions- bzw. Rezensionsteile der anderen Brecht-Hefte in der Reihe »Grundlagen und Gedanken zum Verständnis des Dramas«. Frankfurt/M.: Diesterweg (MD-Nr. 6090: Furcht und Elend des Dritten Reiches, 6088: Der gute Mensch von Sezuan, 6061: Die heilige Johanna der Schlachthöfe, 6076: Herr Puntila und sein Knecht Matti, 6082: Der kaukasische Kreidekreis, 6089: Mutter Courage und ihre Kinder)

GRUNDLAGEN UND GEDANKEN

Drama

Interpretationshilfen

Herausgegeben von Hans-Gert Roloff.

Brecht, Der aufhaltsame Aufstieg des Arturo Ui. (D. Thiele)	(6098)
Brecht, Die Dreigroschenoper. (D. Wöhrle)	(6097)
Brecht, Der gute Mensch von Sezuan. (J. Knopf)	(6088)
Brecht, Das Leben des Galilei. (H. Knust)	(6084)
Brecht, Mutter Courage und ihre Kinder. (D. Thiele)	(6089)
Büchner, Woyzeck. (H. Ritscher)	(6393)
Dürrenmatt, Der Besuch der alten Dame. (S. Mayer)	(6080)
Dürrenmatt, Die Physiker. (G. P. Knapp)	(6079)
Frisch, Andorra. (G. P. und M. Knapp)	(6071)
Frisch, Biedermann und die Brandstifter. (G. Jordan)	(6085)
Goethe, Faust I. (H. Kobligk)	(6360)
Goethe, Faust II. (H. Kobligk)	(6358)
Goethe, Iphigenie auf Tauris. (G. Holst)	(6467)
Ibsen, Nora oder Ein Puppenheim. (D. Bänsch)	(6066)
Lessing, Nathan der Weise. (D. Arendt)	(6380)
Schiller, Kabale und Liebe. (H. P. Herrmann und M. Herrmann)	(6398)
Schiller, Maria Stuart. (H. P. Herrmann und M. Herrmann)	(6469)
Schiller, Die Räuber. (W. Große)	(6468)
Shakespeare, Hamlet. (W. Rudorff)	(6386)
Shakespeare, Macbeth. (W. Rudorff)	(6385)
Sophokles, Antigone. (N. Zink)	(6383)
Sophokles, König Ödipus. (N. Zink)	(6384)
Wedekind, Frühlings Erwachen. (G. Pickerodt)	(6068)
Zuckmayer, Der Hauptmann von Köpenick. (S. Mews)	(6363)

987 654 32